Anselm Grün

Glückseligkeit

W0195830

Das Buch

Einer der berühmtesten Texte der Weltliteratur ist die Bergpredigt. Ihre acht Seligpreisungen zeigen den Weg, der zu einem sinnvollen und glücklichen Leben führt. Achtmal preist Jesus die Menschen glücklich oder selig, die trauern, die verfolgt sind, die sich nach Gerechtigkeit sehnen. Gemeint sind wir alle. Anselm Grün erschließt diese Seligpreisungen als Übungsweg zu einem gelingenden Leben. Ein Buch über die spirituelle Praxis des gesunden Lebens und über die Kunst, glücklich zu sein. Meisterhaft und lebensnah. „Der achtfache Weg – schon im Titel die geniale Verbindung von Buddhismus und Christentum" (Reinhold Beckmann)

Der Autor

Anselm Grün OSB, Dr. theol., geb. 1945, Mönch der Abtei Münsterschwarzach, Geistlicher Berater und Kursleiter. Autor zahlreicher Bücher, u.a. Wie wir leben, wie wir leben könnten; Gelassenheit – das Glück des Älterwerdens; Was der Seele gut tut; Schwierige Bibelstellen spirituell gedeutet. Seine Bücher sind internationale Bestseller und weltweit in vielen Millionen Exemplaren verbreitet. Sein periodischer Monatsbrief „einfach leben" erreicht zahlreiche Leser (vgl. www.einfachlebenbrief.de)

Anselm Grün

Glückseligkeit

Der achtfache Weg
zu einem gelingenden Leben

HERDER

FREIBURG · BASEL · WIEN

HERDER spektrum Band 6777

MIX
Papier aus verantwor-
tungsvollen Quellen
FSC® C083411
www.fsc.org

© Verlag Herder GmbH, Freiburg im Breisgau 2015
Alle Rechte vorbehalten
www.herder.de

Umschlaggestaltung: Verlag Herder
Umschlagmotiv: © Greg Pease – Getty Images
Satz: Dtp-Satzservice Peter Huber, Freiburg
Herstellung: CPI books GmbH, Leck

Printed in Germany

ISBN 978-3-451-06777-8

Inhalt

Einleitung

Alle Menschen streben nach Glück. Darin sind sich von der Antike bis in die Gegenwart Philosophen, Theologen und Psychologen einig, so unterschiedlich ihre Ansichten auch sonst sein mögen, ebenso wie große Dichter, unter ihnen so verschiedene wie Dostojewski, Hermann Hesse oder Graham Green. „Alle Menschen wollen glücklich sein", dieses Axiom des größten griechischen Philosophen Platon haben sowohl Augustinus als Theologe als auch Sigmund Freud als Psychologe übernommen. Die Philosophie verstand sich seit jeher als *ars bene et beate vivendi*, als Lehre vom und Anweisung zum guten und glücklichen Leben.

Doch in der Geschichte der Philosophie und Theologie hat man bei aller Gemeinsamkeit der Blickrichtung das Glück jeweils anders verstanden. Die Philosophie der Antike sprach davon, dass man das Glück oder die Glückseligkeit durch eine gute Lebenspraxis erreichen könne.

Boethius, der christliche Philosoph, fasst um das Jahr 500 die antike Lehre vom Glück in einer dem entsprechenden Definition zusammen: „Das Glück ist der durch die Vereinigung aller Güter vollendete Zustand." Glücklich ist der Mensch, dessen tiefstes Sehnen und Begehren zur Ruhe kommt, der im Einklang ist mit sich, im Frieden mit seiner Seele, in der Ruhe des Gemütes, in der Freude des Herzens und im Wohlgefühl des Leibes.

Thomas von Aquin übernimmt diese Lehre vom Glück. Doch er sieht noch eine andere Dimension, wenn er das Glück sowohl diesseitig als auch jenseitig definiert. Der Mensch kann aus eigener Kraft hier in diesem Leben Glück erstreben und erwerben. Aber die ewige Glückseligkeit, die niemals aufhört, kann ihm nur von Gottes Gnade geschenkt werden.

In der Neuzeit sieht die Philosophie das Glück wieder anders. Glück ist etwas Sinnliches, Lustvolles. Nach Immanuel Kant ist es „das Bewusstsein eines vernünftigen Wesens von der Annehmlichkeit des Lebens, die ununterbrochen sein ganzes Dasein begleitet." Für diesen großen Philosophen des deutschen Idealismus hat das Glück keine moralische Bedeutung. Es entsteht durch die Befriedigung der Bedürfnisse. Ihm folgt die moderne Philosophie, die im Glück vor allem eine Erlebnisqualität sieht. Sigmund Freud versteht Glück in der Konsequenz dieser Sicht als „Erleben starker Lustgefühle".

In unserer Zeit meint man, Glück könne man „machen". Auch in einem ganz populären und unreflektierten Verständnis steckt diese Meinung, nicht selten wissenschaftlich verbrämt: Man brauche nur zu joggen, dann würden Glückshormone ausgeschüttet und man sei glücklich. Oder man bräuchte nur zu einem Wellness-Wochenende in ein Hotel gehen und sich verwöhnen lassen, dann würde sich Glück einstellen. All das kann in der Tat helfen, sich gut zu fühlen. Aber ist es nicht das Glück, von dem die griechische Philosophie spricht. Christoph Quarch nennt das moderne Glück „happiness". Und er meint, es sei zu einem Konsumartikel geworden. Doch unsere Lebenserfahrung zeigt: Glück kann man sich nicht kaufen. Glück ist qualitativ etwas anderes: Es ist Ausdruck von gelingendem Leben. Und damit das Leben gelingt, braucht es seelische Arbeit. Der römische Philosoph Seneca hat das so formuliert: „Freilich ist ein glückseliges Leben keine ganz einfache Sache." Es zu erlangen bedarf der richtigen Einstellung. Glück ist also eine Frage der inneren Haltung und der Deutung all dessen, was mir widerfährt. Es gibt durchaus Wege zum Glück. Aber sie zu beschreiten, kann Mühe kosten und bedeutet vor allem ein Abschiednehmen von der Illusion, man könne Glück für immer besitzen.

Das Christentum steht bei manchen seiner Kritiker unter dem Verdacht glücksfeindlich zu sein. Manche meinen, Glück sei in der Bibel nicht das Ziel des Menschen. In der Bibel gehe es nur um unsere Beziehung zu Gott. Einer näheren Prüfung hält diese Meinung freilich nicht Stand. Denn wenn wir die Sprache des Alten wie des Neuen Testament auf dem Hintergrund jüdischer Weisheit und griechischer Philosophie genauer anschauen, werden wir erkennen, dass menschliches Glück sehr wohl ein wichtiges Thema der Bibel ist. In diesem kleinen Buch geht es mir darum, die vielfältigen Spuren dieses Themas in der Betrachtung eines zentralen Textes genauer auszuleuchten. Dazu ist es nötig, sich gedanklich kurz auf die geistige und sprachliche Welt der Antike, in der die Bibel entstand und aus der sie ihre Vorstellungen schöpft, einzulassen.

Wenn wir uns dem Thema über die Sprache annähern, werden wir feststellen: Die griechische Philosophie kannte drei Worte für die Bezeichnung dessen, was wir im Deutschen mit dem einen Wort Glück nennen.

Der erste Begriff ist *eudaimonia*. *Eu* bedeutet gut und *daimon* bezeichnet den Engel der Seele. Gemeint ist damit der innere Bereich der Seele, das seelische Potential im Menschen. Platon versteht unter *daimon* den zur Natur des Menschen gehörenden göttlichen Bestandteil, die höchste seiner natürlichen Fähigkeiten, die ihren Sitz in der Vernunft hat. „Demzufolge ist Glück der Zustand, in dem das göttliche Element im Menschen nicht verkrüppelt oder erstickt ist, sondern sich aktiv in seiner ganzen Kraft und Fülle entfaltet." (RAC, Glück 249) Glücklich ist also der Mensch, der eine gute Beziehung zu seiner Seele hat, d.h. zu seinem göttlichen Kern. An dieser Beziehung zum Potential meiner Seele kann ich arbeiten. Für die Griechen ist es vor allem die Übung der Tugenden, die mir das Glück beschert. Als höchste Tugend wird dabei die Weisheit bewertet. In der Meditation oder Reflexion werde ich meiner selbst inne und erlebe so Glück in mir. Aristoteles, der Schüler Platons, sieht das Glück des Menschen in seinem kontemplativen Tun, in der Kontemplation der Wahrheit um ihrer selbst willen. Wenn der Mensch – ohne Nebenabsichten – sich auf die Wahrheit des Seins einlässt und sie meditiert, erfährt er Glück. Für die stoischen Philosophen ist es vor allem die Ethik (die *ars vitae*, die Lebenskunst), die die Aufgabe hat, den Menschen den Weg zum Glück zu zeigen.

Der zweite Begriff für Glück ist *eutyche*. *Tyche* ist der Zufall. *Eutyche* meint also das, was mir in einer guten Weise zufällt. Wir sagen im Deutschen: „Ich habe Glück gehabt." Gemeint ist damit: „Mir ist etwas Glückliches passiert." Dieses Glück fällt einem also von außen zu. Es widerfährt einem. Man kann es nicht durch eigenes Verhalten erzwingen.

Ein dritter Begriff ist noch wichtiger, wenn wir dem Glücksverständnis der Bibel näher kommen wollen: *makarios*. Dieser Begriff bedeutet „glücklich, selig" und ist bei den Griechen allein den Göttern vorbehalten. Die Götter auf dem Olymp waren frei. Sie waren nicht der Arbeit und Mühsal des Lebens unterworfen. Sie brauchten sich nach niemandem zu richten. Sie waren ganz sie selbst, ganz im Einklang mit sich, unabhängig von anderen Menschen und äußeren, fremdbestimmenden Mächten. Sie waren glücklich wegen ihrer Unsterblichkeit und Alterslosigkeit. Ausgerechnet diesen dritten Begriff benutzt die Bibel im Alten Testament für den Zustand des Menschen, der sich nach Gottes Gebot richtet, und im Neuen Testament für den Menschen, der die Worte Jesu hört und befolgt. So ruft eine Frau Jesus zu: „Selig die Frau, deren Leib dich getragen und deren Brust dich genährt hat. Er aber erwiderte: Selig sind vielmehr die, die das Wort Gottes hören und es befolgen." (Lk 11,27f) Jesus preist seine Jünger selig, weil sie ihn erleben: „Selig sind die, deren Augen sehen, was ihr seht." (Lk 10,23) Glücklich ist nach Jesus also der, der ihn in seinem göttlichen Geheimnis schaut, der ihn versteht und sich nach seinen Worten richtet. Man könnte sagen: Glück wird nach diesem Verständnis durch ein Erlebnis erlangt, das mir geschenkt wird, etwa durch eine intensive

Gotteserfahrung. Und Glück ist abhängig von meinem Tun, vom Hören und Befolgen der Worte Jesu.

Die Bergpredigt ist ein zentraler Text für unser Thema. Denn in der Bergpredigt benützt Jesus acht Mal das Wort *makarios*. Acht Mal preist Jesus die Menschen glücklich oder selig oder glückselig. Diese Texte der Seligpreisungen haben in der Geschichte der Exegese und der Spiritualität sehr verschiedene Auslegungen erfahren. Vor allem zwei verschiedene Ansätze der Auslegung sind dabei vorherrschend.

Der erste Ansatz versteht die Seligpreisungen als Zuspruch der Gnade: Ganz bestimmte Menschen werden in ganz bestimmten Situationen selig gepriesen. Und die Seligpreisung ist immer das Gegenteil von dem, was die Menschen hier erleben, an Armut, an Trauer, an Verfolgung. Vor allem in der evangelischen Tradition herrscht diese theologische Auslegung vor: Gott wirkt an den Menschen sein Heil. Der Mensch braucht nichts dazu tun.

Der zweite Ansatz versteht die Seligpreisungen in erster Linie als ethische Ermahnungen. Vor allem die Auslegung in der alten Kirche folgt diesem Ansatz. Für sie ist die Reihe der Seligpreisungen ein Stufenweg zur Vollkommenheit. Der Mystiker Gregor von Nyssa etwa sieht die Seligpreisungen als Weg auf die Spitze eines Berges. Selig werden hier acht Tugenden gepriesen, die der Christ verwirklichen soll. Der Weg zum Glück geht also auch über das eigene Tun und die Übung der acht Haltungen, die Jesus hier selig preist. Das Ziel dieses inneren Weges zur Glückseligkeit ist aber nicht nur ein psychologisches Ziel von

Zufriedenheit und Glück, sondern letztlich ein spirituelles Ziel. Die Spitze des Berges ist für Gregor von Nyssa ein Bild für die mystische Erfahrung Gottes, für das Einswerden des Menschen mit Gott. Oben auf dem Berg ist der Mensch frei von der Welt und spürt die Nähe Gottes. Gregor von Nyssa sieht das Glück (*makariotes*) des Menschen in der Angleichung an Gott. Wenn der Mensch von Jesus auf dem Berg in Gottes Nähe geführt wird und durch die Übung der acht Tugenden sich immer mehr an Gott angleicht, dann ist er wahrhaft glücklich.

Die Auslegung der Bergpredigt durch die Kirchenväter war daher nie nur ethisch und vor allem nie moralisierend. Vielmehr war sie als ein Stufenweg zu Gott verstanden, als ein Weg des Einswerdens mit Gott. Schon Origenes hat diese innere Verbindung von ethischem und mystischen Weg gesehen. Er meint, Jesus selber würde uns die Kraft geben, die Tugenden zu verwirklichen, die er in den Seligpreisungen anspricht. Wir müssen diese Kraft nur nutzen und ihr mit unserer eigenen Kraft antworten. Jesus gibt uns aber nicht nur die Kraft, damit wir auf den Berg des Glücks gelangen. Er selbst ist zugleich auch das eigentliche Geschenk. Er ist das Himmelreich. Er ist der Trost, mit dem wir getröstet werden. Er ist das Land, das wir besitzen. Er ist der Lohn, den wir bekommen. Durch die Tugenden gelangen wir zu Christus, der in uns ist. Und durch Christus gelangen wir zu unserem wahren Selbst, zur kostbaren Perle, für die es sich lohnt, alles hinzugeben, (vgl. Mt 13,45f) zu unserem reinsten Glück. Origenes versteht die Seligpreisungen daher als christlichen Weg der Lebenskunst, als geistlichen Weg zum wahren Glück.

Die Kirchenväter haben die acht Seligpreisungen auf dem Hintergrund der griechischen Philosophie ausgelegt. Heute stehen wir im Dialog mit den Religionen. Da fällt die Ähnlichkeit der acht Seligpreisungen mit dem „edlen achtfachen Pfad" Buddhas in die Augen. Der achtfache Pfad oder achtgliedrige Weg soll nach Buddha zur Erleuchtung und zum inneren Frieden führen. Er soll uns befreien aus der Gier und unsere Seele für Gott öffnen. Die acht Schritte dieses Weges sind für Buddha: 1. Rechte Ansicht (Wissen um das Leiden), 2. Rechtes Entschließen (Gedanken frei von Gier), 3. Rechtes Reden, 4. Rechtes Handeln, 5. Rechte Lebensweise, 6. Rechtes Streben (Beherrschung des Geistes), 7. Rechte Achtsamkeit und 8. Rechte Sammlung. („Glücklich der Mensch, der Gleichmut und Wachsamkeit sein eigen nennt.") Wer diesen achtfachen Weg beschreitet, der erlangt das Glück der Erleuchtung. Er übersteigt diese Welt in das Vollkommene hinein.

Die acht Seligpreisungen sind für Jesus der Weg zum Gipfel himmlischer Beschauung und zugleich zur Vollkommenheit Gottes. Wer diese acht Haltungen übt, der hat teil am Ganzsein, am Vollkommensein Gottes. Die Zahl „acht" hat auch eine tiefere symbolische Bedeutung. Augustinus versteht die Zahl acht von der Musik her. Die Oktav greift den Grundton wieder auf. Nach einem solchen Symbolverständnis stellen die acht Seligpreisungen den Menschen wieder so her, wie er in der Schöpfung ursprünglich gedacht war. Der achte Tag ist der Tag der Auferstehung, der keinen Abend kennt: „Die Ruhe am Ende aber wird ewig dauern, und deshalb wird auch der achte Tag die ewige Seligkeit in sich schließen. Denn jene ewige Ruhe setzt sich am achten Tag fort und endet nicht an ihm, weil sie ja sonst nicht ewig wäre. Deshalb wird der achte Tag sein, was der erste war, und so das ursprüngliche Leben sich nicht als vergangen, sondern als mit dem Stempel der Ewigkeit bekleidet erweisen." (zitiert in: Betz 100) Die acht Seligpreisungen bringen uns also in Berührung mit dem ursprünglichen Glanz und dem Glück des Anfangs, das die Menschen im Paradies erleben durften.

In unserer Zeit kreiste die theologische und philosophische Auslegung der Bergpredigt vor allem um die Frage, ob man mit der Bergpredigt konkret leben und die Welt gestalten könne. Der ehemalige Bundeskanzler Helmut Schmidt etwa meinte – der evangelischen Tradition folgend – mit der Bergpredigt könne man keine Politik machen und keinen Staat führen. Manche evangelische Ausleger glauben, dass die Bergpredigt uns nur einen Spiegel vor Augen hält, in dem sichtbar wird, dass wir alle Sünder sind, einen Spiegel, der deutlich zeigt, dass wir das Bild des Menschen, wie es Jesus vor Augen führt, nicht verwirklichen könnten und daher mit unserer sündigen Existenz auf die Gnade Gottes angewiesen sind.

Der Theologe Joseph Ratzinger wehrt sich sowohl gegen eine ausschließlich moralische Auslegung als auch gegen ein Verständnis, das nur auf die Gnadenbedürftigkeit des Menschen verweist. Eine moralische Auslegung würde „uns nicht aufrichten, sondern zerstören". Aber auf der anderen Seite genügt auch eine Auslegung nicht, die behauptet: Hier wird nur gezeigt, wie nichtig all unser menschliches Tun und Handeln ist; hier wird nur sichtbar, dass wir nichts ausrichten und dass alles Gnade ist. Der Text, so Ratzinger, mache nur deutlich, dass in der Nacht der menschlichen

Sündigkeit alle Unterschiede belanglos sind und dass ohnedies keiner auf etwas zu pochen hat, weil alle die Verdammung wert sind und alle nur durch Gnaden gerettet werden: „Gewiss, der Text bringt uns unsere Vergebungsbedürftigkeit erschreckend deutlich zum Bewusstsein …. Aber er will doch auch etwas anderes. Er will uns nicht nur unter das Zeichen von Gericht und Vergebung stellen, das dann alles menschliche Handeln gleichgültig machen würde. Sondern er hat auch zum Ziel, uns eine Wegweisung für unser Dasein zu geben: Er will uns hinorientieren auf jenes ‚Mehr‘, auf jenen ‚Überfluss‘ und jene Großzügigkeit, die nicht bedeutet, dass wir plötzlich fehlerlose ‚Vollkommene‘ werden, sondern die bedeutet, dass wir die Haltung des Liebenden suchen, der nicht rechnet, sondern eben – liebt." (Ratzinger, Credo für heute 16f)

Auf dem Hintergrund dieser Deutung, aber auch der frühkirchlichen Auslegung möchte ich im Folgenden die Seligpreisungen als Übungsweg zu einem gelingenden Leben beschreiben, als Kunst des gesunden Lebens, als Kunst, glücklich zu sein. In den Seligpreisungen kommt für mich die Glückssehnsucht des Menschen zum Ausdruck und eine Verheißung, dass diese Sehnsucht nicht ins Leere geht. Die Seligpreisungen sprechen unsere Sehnsucht nach dem gelingenden Leben an. Sie bringen uns in einer Welt, die sich nur mit den Tagesproblemen befasst, mit unserer Sehnsucht nach etwas ganz anderem in Berührung. Indem die Seligpreisungen unsere Sehnsucht nach Glück in dieser Welt wach halten, verändern sie diese Welt. Für den Philosophen Max Horkheimer ist das die wichtigste Aufgabe religiöser Riten und Worte, dass sie in unserer eindimensionalen Gesellschaft die Sehnsucht nach dem ganz Anderen wecken.

Das macht unsere Welt menschlicher. Die Seligpreisungen sind Fenster, die den Blick auf unsere Sehnsüchte nach einer solch anderen Wirklichkeit freigeben. Sie wollen uns keine politische oder gesellschaftliche Utopie vor Augen halten, die niemals eintritt, sondern sie beschreiben uns die Möglichkeiten, die in unserem Herzen bereit liegen, Möglichkeiten, die wir aber vor lauter Beschäftigung mit dem Banalen oft genug zugedeckt haben und gar nicht mehr wahrnehmen.

Das Faszinierende und Überraschende: Jesus spricht den Jüngern und Jüngerinnen, die diese acht Haltungen zu verwirklichen suchen, das gleiche Glück zu, das die Griechen den Göttern auf dem Olymp vorbehielten. Wenn ich dies feststelle und ins Zentrum meiner Deutung rücke, dann will diese Auslegung nicht die anderen Deutungen zur Seite schieben. Doch sie bezieht ihre Berechtigung aus dem Wort, mit dem Matthäus den ersten Teil der Bergpredigt abschließt: „Dann werdet ihr vollkommen sein, wie euer himmlischer Vater vollkommen ist." (Mt 5, 48) Damit sagt Jesus nichts weniger als das: Wenn wir die acht Haltungen oder Tugenden üben, dann haben wir Anteil an Gott, dann sind wir ganz wie Gott, glücklich wie Gott, vollkommen wie Gott, frei wie Gott, dann sind wir wahrhaft *makarioi*, glücklich wie die Götter auf dem Olymp.

Ich werde mich in meiner Auslegung an die Übersetzung halten, die Ulrich Luz in seinem großen Matthäuskommentar vorgelegt hat. Dabei werde ich immer wieder auf die Schwierigkeiten einer angemessenen Übersetzung eingehen. Die erste Schwierigkeit beginnt schon bei der Übersetzung von *makarios*. „Glücklich" klingt für manche banal. „Selig" ist ein fremdes Wort, das heute nur im religiösen Kontext benutzt wird und sich meistens auf das jenseitige Heil bezieht. Man könnte *makarios* mit „glückselig" übersetzen, um beide Aspekte zu berücksichtigen. Mit Ulrich Luz entscheide ich im mich in der Übersetzung der Texte für „glücklich", auch wenn der Titel dieses Buches ganz bewusst die beiden Dimensionen offenhält.

Der Berg –
Bindeglied zwischen Himmel und Erde

Matthäus beginnt die Bergpredigt mit dem bedeutungsvollen Satz: „Als Jesus die vielen Menschen sah, stieg er auf einen Berg." (Mt 5,1) Im Griechischen heißt es eigentlich: Er stieg auf *den* Berg. Gemeint ist wohl der Berg Sinai. Matthäus versteht Jesus als den neuen Mose. So wie Mose einst am Sinai das Gesetz Gottes empfing und zum Volk heruntertrug, so bringt Jesus eine Deutung dieses Gesetzes, damit die Menschen durch die Erkenntnis und die Befolgung dieser Weisung ans Ziel ihres Weges kommen, damit sie glücklich werden.

Der Berg hat in allen Religionen eine spirituelle Bedeutung. In Israel denkt man an den Gottesberg Horeb (Sinai), auf dem Gott dem Volk das Gesetz geschenkt hat. Matthäus bezieht sich sicher auf diese jüdische Sicht. Das Gesetz war für die Juden eine Wohltat, die Gott ihnen gewährt hat, damit ihr Leben gelingt. Das Volk preist Gott für das Gesetz. So ist ein gutes Miteinander möglich. Und der einzelne weiß, wie er leben kann, damit er inneren Frieden und Glück findet.

In anderen Religionen ist der Berg der Ort der besonderen Nähe Gottes. Er ist Bindeglied zwischen Himmel und Erde und so der bevorzugte Ort der Begegnung zwischen

Gott und den Menschen. Auf Bergen wird Gott oft angebetet. Viele Religionen kennen den heiligen Berg als den Mittelpunkt, den Nabel der Welt. Der Aufstieg zum Gipfel eines heiligen Berges ist ein Bild für den inneren Läuterungsweg des Menschen. So hat Johannes vom Kreuz den mystischen Weg der Reinigung als Aufstieg zum Berge Karmel beschrieben. Berge sind oft der Ort für Initiationsriten, sie werden als spirituelle Kraftzentren verstanden und erfahren.

Wenn wir all diese Bedeutungen in der Auslegung der Bergpredigt bedenken, dann können wir die Seligpreisungen als Weg der Initiation verstehen, als Weg, auf dem wir eingeweiht werden in das Geheimnis des Menschseins und in das Geheimnis Gottes. Wir begegnen auf dem Berg nicht nur Christus als dem, der in sich Himmel und Erde verbindet. Auch seine Worte öffnen uns ein Fenster, durch das der Himmel über uns erstrahlt. Die Seligpreisungen wollen uns nicht zeigen, wie erbärmlich wir sind gegenüber den Anforderungen Jesu. Vielmehr will uns Jesus auf dem Berg als spirituellem Kraftzentrum mit unserer eigenen Kraft in Berührung bringen, mit dem Potential, das in unserer Seele steckt. Er will uns auf dem Berg die Weite zeigen, zu der unser Herz fähig ist. Und er will uns herausheben aus dem Alltag, in dem wir oft vergessen, dass wir eigentlich Kinder des Lichtes, Kinder Gottes sind.

Der griechische Mystiker des 4. Jahrhunderts, Gregor von Nyssa, sieht den Berg als den Ort, zu dem wir Jesus folgen, um aus unseren niederen und beschränkten Anschauungen emporzusteigen „auf den geistigen Berg erhabenster Betrachtung" (Gregor 153) Der Berg ist vom Licht Gottes umstrahlt. Er lässt uns Dinge erkennen, die wir sonst im Alltag nicht sehen. Der Aufstieg auf den Berg ist seit Gregor ein wichtiges Bild für den mystischen Weg des Christen geworden. Wenn wir mit Christus auf den Berg steigen, werden wir ihn selbst dort finden als den, der unsere Krankheiten heilt und unsere Ohnmacht auf sich nimmt. Und wir werden „mit Jesus auf dem ersehnten Gipfel angelangt ringsumher all die Güter sehen, welche das Wort jedem zeigt, der ihm auf die Höhe folgt." (Gregor 154) Die Seligpreisungen, die Jesus auf dem Berg verkündet, wollen uns einladen, Gott in seiner Erhabenheit zu betrachten, aber zugleich auch die Würde des Menschen, den Gott berufen hat, das Licht des Himmels auf der Erde durch sein Verhalten aufleuchten zu lassen.

Die Seligpreisung –
Verheißung eines Lebens in Fülle

Die Seligpreisung mit dem griechischen Wort *makarios*, das nur den Göttern vorbehalten ist, ist nicht ein rein griechisches Phänomen. Auch in der Bibel des Volkes Israel begegnen einem immer wieder Seligpreisungen. Schon der erste Psalm beginnt mit einer Seligpreisung: „Selig der Mensch, der nicht dem Rat der Frevler folgt, der nicht betritt den Weg der Sünder, nicht sitzt im Kreise der Spötter, der vielmehr seine Lust hat an der Weisung des Herrn, der bei Tag und bei Nacht über seine Weisung nachsinnt." (Ps 1,1f) „Selig, die das Recht bewahren, die zu jeder Zeit Gerechtigkeit üben." (Ps 106,3) „Selig, wer den Herr fürchtet und ehrt, wer sich herzlich freut an seinen Geboten." (Ps 112,1) „Selig, deren Weg ohne Tadel ist, die wandeln nach der Weisung des Herrn." (Ps 119,1) Vor allem Psalm 119 preist immer wieder die glücklich, die Freude an den Geboten Gottes haben.

Martin Buber, der sehr um die richtige Übersetzung der Psalmen bemüht war, schreibt über die Seligpreisung, mit der viele Psalmen beginnen: „Es ist das Wort, mit dem der Psalter beginnt. Es ist etwa zu übersetzen mit ‚oh, die Seligkeit' oder ‚oh, das Glück'. Der Psalmist ruft ‚oh, das Glück des Mannes'… Das ist kein Wunsch und keine Verheißung, es geht nicht darum, dass der Mann Glück verdiene oder dass er gewiß sein dürfe, glücklich zu werden, sei es noch in diesem irdischen Leben, sei es in einem anderen künftigen, sondern es ist ein freudiger Ausruf und eine begeisterte Feststellung: Wie glücklich ist doch dieser Mann! ... Der Psalmist will offenbar sagen: Merkt auf, da gibt es ein heimliches, von den Händen des Daseins selber verstecktes Glück, das alles Unglück auf- und überwiegt. Ihr seht es nicht, aber es ist das wahre, ja das einzig wahre Glück." (Lapide 30)

Wenn wir Jesu Seligpreisungen auf dem Hintergrund dieser Buberschen Einsicht sehen, dann verheißt Jesus nicht nur dem das Glück, der diese acht Haltungen verwirklicht, sondern er ruft gleichsam aus: „Wie glücklich ist der, der arm ist im Geist, der sanftmütig, barmherzig und reinen Herzens ist." Er drückt damit aus, dass der Mensch, der diese Haltungen lebt, schon in sich glücklich ist. Das Glück ist nicht eine Folge des Verhaltens, sondern Ausdruck des Verhaltens. Wer sich so verhält, der erlebt jetzt wahres Glück, der ist im Einklang mit sich, der erfährt die Fülle des Lebens. Auf dem Berg, auf dem wir einen weiten Horizont haben und Dinge sehen, die wir im Alltag nicht erkennen, will uns Jesus aufmerksam machen auf das Glück, das auch in unserem Leben versteckt ist. Durch seine Worte auf dem Berg will er das verborgene Glück ins rechte Licht rücken. Er will uns die Augen öffnen, damit wir in unserem Leben das Glück erkennen. Das Glück ist Ausdruck der acht Haltungen, die Jesus anspricht.

Matthäus schreibt an Judenchristen. Aber er schreibt auch ein exzellentes Griechisch. Das vermag er nur, wenn er auch die griechische Kultur kennt. Daher dürfen wir das

„makarios" auch auf dem Hintergrund griechischer Philosophie auslegen. Der Philosoph und Naturwissenschaftler Carl Friedrich von Weizsäcker plädiert dafür, die Bibel auch von der griechischen Warte aus zu interpretieren. Und er meint: Die Theologen, die „das Griechische aus dem Christentum herausoperieren, merken nicht, dass sie dem Christentum Lebensorgane herausoperieren." (Weizsäcker 44) In der Kultur Griechenlands kennt man auch Seligpreisungen. Man nennt sie Glückwünsche. Man beglückwünscht einen, der Glück erfahren hat, und hebt im „Makarismus" den Grund oder die Bedingung seines Glückes heraus. Oft entzündet sich die Seligpreisung bei den Griechen „am Gegensatz einer schmerzlichen Wirklichkeit" (Hauck, in ThWNT 366) und ist „mit dem Affekt starker Empfindung geladen" (Ebd). Da werden gerade die glücklich genannt, die man nach den Maßstäben dieser Welt eher als benachteiligt ansieht. Gerade diesen Menschen wird etwas zugesprochen, was sonst nur den Göttern vorbehalten ist. Die Seligpreisungen waren auch in den Mysterienkulten beliebt. Hier wurden die Teilnehmer am Kult glücklich gepriesen, weil sie Gott auf einzigartige Weise erfahren durften.

Wenn wir die Seligpreisungen von der griechischen Philosophie und von den Mysterienkulten her deuten, dann bedeuten sie: Jesus zeigt uns auf dem Berg, dass wir jetzt schon am Glück der Götter teilnehmen dürfen. Und er zeigt uns konkrete Wege auf, wie wir das Glück intensiver Gotteserfahrung machen können. Die acht Haltungen der Seligpreisungen sind der Ort, an dem wir Gott und in Gott unser wahres Glück erfahren dürfen. Aber sie sind auch ein Weg zu diesem Glück. Jeder von uns verwirklicht schon etwas von diesen Haltungen. Wir können nur verstehen, was sie bedeuten, weil wir sie anfanghaft schon in uns erfahren. Aber zugleich sind diese Haltungen auch ein Weg, wie wir zum Glück und zur inneren Freiheit der Götter finden können.

Mit dieser Deutung der Seligpreisungen schließe ich mich der langen Tradition der Kirchenväter an. Ambrosius hat die vier Seligpreisungen nach Lukas mit den vier Kardinaltugenden des Aristoteles gleich gesetzt. Und die acht Seligpreisungen bei Matthäus interpretiert er so, dass sie die vier Kardinaltugenden auslegen und entfalten. Die Tugenden zu üben ist für die Griechen der Weg zum wahren Glück. Augustinus verbindet die asketische Auslegung des Ambrosius, seines Lehrers, mit der mystischen Interpretation. Für ihn sind die Seligpreisungen nicht nur Tugenden, sondern auch Gaben Gottes. Er spricht von sieben Gaben des Heiligen Geistes, wie sie der Prophet Jesaja verkündet hat. Die achte Seligpreisung fasst die anderen sieben zusammen und krönt sie. Jesus weist uns mit diesen sieben Seligpreisungen ein in die immer tiefere Erfahrung Gottes. Das Ziel dieser Erfahrung ist die Schau Gottes, das Gottgleichwerden als Sohn und Tochter Gottes und schließlich der Eintritt in das Reich Gottes, in dem wir eins werden mit Gott. Dieses Einswerden mit Gott ist das wahre und tiefste Glück des Menschen. (Vgl. Dictionnaire de Spiritualité, 1302–1206) Und Augustinus verbindet die sieben Seligpreisungen auch mit den sieben Bitten des Vaterunsers. Sie sind Gaben Gottes, die erbeten werden wollen. Und zugleich sind sie Aufgaben an den Menschen, an die er sein Herz hängen und die er unermüdlich einüben soll.

Ich werde im Folgenden immer wieder auf die Predigt zurückkommen, die der griechische Bischof und einer der wichtigsten Vertreter der frühkirchlichen Mystik, Gregor von Nyssa, über die Seligpreisungen gehalten hat. Er versucht in dieser Predigt, die biblischen Worte auf dem Hintergrund griechischer Bildung und Denkweise zu verstehen und zu deuten. Für mich ist das eine Bestätigung, dass ich die Seligpreisungen als Kunst des gesunden Lebens, als Wegweisung zum Glücklichwerden verstehen und auslegen darf. Natürlich ist die Sprache, die Gregor spricht, für uns manchmal etwas fremd, zumal mir nur eine Übersetzung aus dem Jahr 1927 zur Verfügung steht. Was Gregor damals für seine Zuhörer versucht hat, das müssen wir für uns heute in einer neuen Sprache versuchen. Entscheidend ist, dass wir die Seligpreisungen als Weg verstehen. Gregor spricht von der Stufenleiter, die wir emporsteigen sollen zum Berg der Glückseligkeit. Jesus nimmt uns an der Hand, um uns die Stufen zum wahren Glück zu begleiten und uns zu stützen, wenn uns der Aufstieg zu beschwerlich erscheint.

Gregor von Nyssa gibt eine eigene Erklärung für die Glückseligkeit: „Seligkeit ist nach meinem Dafürhalten der Inbegriff alles Guten, worin auch die Erfüllung eines jeglichen berechtigten Verlangens eingeschlossen ist." (Gregor 155) Und er setzt „glückselig" in Gegensatz zu „mühselig". Wer glückselig ist, kann sich im Gegensatz zu denen, deren Dasein von Mühsal bestimmt ist, am Leben erfreuen und genießen, was Gott ihm schenkt. Dann bezieht sich Gregor auf die griechische Lehre vom Glück der Götter: „Was nun aber in Wahrheit glückselig ist, das ist das göttliche Wesen. Denn was wir uns immer auch darunter vorstellen mögen, auf jeden Fall ist voll Seligkeit jenes reine Leben, das unendliche, unbegreifliche Gut, die unaussprechliche Schönheit, die lautere Anmut, Weisheit und Kraft, das wahrhaftige Licht, die Quelle alles Guten." (Ebd 155) Diese Auffassung der griechischen Philosophie verbindet Gregor mit der christlichen Theologie: „Da aber Gott den Menschen nach seinem Ebenbild geschaffen, so wird an zweiter Stelle derjenige selig zu preisen sein, dem wir auf Grund seiner Teilnahme an der wirklichen, unendlichen Glückseligkeit diesen Namen geben." (Ebd 156) Gregor vergleicht Jesus mit einem Künstler, der die Schönheit eines Menschen in einem Gemälde oder einer Skulptur zum Ausdruck bringt. In den Seligpreisungen beschreibt Jesus alle Einzelheiten eines Menschen, der die göttliche Schönheit widerspiegelt und so an Gottes Glück teilhat. Für Gregor von Nyssa und für die anderen Kirchenväter sind die Seligpreisungen keine Utopie, die nur in der fernen Zukunft oder gar erst im Jenseits erfüllt wird. Vielmehr zeigt uns Jesus in den Seligpreisungen, was jetzt schon möglich ist, wenn wir uns von Jesus auf den Berg führen lassen, wenn wir uns auf dem Berg einweisen lassen in das Geheimnis der Menschwerdung und in das Geheimnis der Begegnung mit Gott.

Jede Auslegung der Seligpreisungen hat versucht, sie in den jeweiligen Horizont ihrer Zeit hinein zu übersetzen. Da gibt es die mystische Auslegung des Gregor von Nyssa oder von Meister Eckehart. Und es gibt die aktualisierend politische Auslegung etwa Friedrich Schorlemmers. Ich möchte im Folgenden die Seligpreisungen in die Erfahrungen unserer Zeit hinein auslegen. Dabei betone ich den Aspekt der Selbstwerdung und der mystischen Dimension. Aber mir ist bewusst, dass dieser Aspekt einseitig ist, wenn nicht der politische oder soziale Aspekt dazukommt. Die Selig-preisungen sind der Weg zu einem gelingenden Leben in einem umfassenden Verständnis. Sie beschreiben den ange-messenen Umgang mit mir selbst. Aber sie haben natürlich immer schon auch den Umgang miteinander im Blick. Sie sind Verhaltensanweisungen für unser Miteinander. Jesus zeigt uns vom Berg herab ein Modell, wie wir mensch-licher, friedlicher und letztlich beglückender miteinander umgehen können. Nur wer immer beide Pole sieht – den guten Umgang mit sich und mit den Menschen in seiner Umgebung – wird auf Dauer die Erfahrung machen, dass sein Leben einen Sinn hat und dass es gelingt.

Ich verfolge in meiner Auslegung einen Dreischritt. Ich werde jeweils kurz die persönlich-individuelle und die ge-sellschaftliche Situation unserer Zeit auf dem Hintergrund der jeweiligen Seligpreisung skizzieren. Dann spreche ich die Sehnsucht an, die in dieser Seligpreisung gerade heute wachgerufen wird. Und schließlich versuche ich die Weg-weisung aufzuzeigen, die Jesus uns gibt, um in der konkre-ten Situation unseres Lebens den Weg zu dem Glück zu finden, das er uns verheißen und zugesagt hat. Dabei ver-stehe ich die Worte Jesu sowohl als Wegweisung als auch als Zusage von Gnade. Er sagt uns nicht nur Worte, damit wir sie erfüllen. Er selbst geht mit uns den Weg, damit wir fähig werden, seine Worte auch zu leben. Matthäus selbst hat sein Evangelium ja so aufgeteilt, dass er auf die fünf Reden Jesu immer seine Taten folgen lässt. Das Tun Jesu ist die Erfüllung seiner Worte. So dürfen wir auch die Selig-preisungen Jesu als Worte verstehen, die uns den Weg zei-gen. Und wir können an Jesus selbst ablesen, wie er den Weg gegangen ist. Jesus hat zu Beginn seines Wirkens seine

Weisung auf dem Berg verkündet. Am Ende, nach seiner Auferstehung, versammeln sich die Jünger wieder auf dem Berg. Und dort verheißt ihnen Jesus: „Seid gewiss: Ich bin bei euch alle Tage bis zum Ende der Welt." (Mt 28,20) Weil Jesus selbst mit uns den Weg geht, ist es für uns möglich, die Seligpreisungen als Weg zu erfülltem und glücklichem Leben gemeinsam mit ihm zu gehen.

Glücklich sind die im Geist Armen,
denn ihnen gehört das Himmelreich

Unsere Zeit ist geprägt von der Anhäufung immer größerer Reichtümer. Viele gieren nach Geld und Besitz. Sie machen ihren Selbstwert davon abhängig, welches Auto sie fahren oder welche Modekleidung sie tragen. Kinder in der Schule werden von ihren Mitschülern verspottet, wenn sie billige Turnschuhe haben oder Hemden und Hosen von der Stange anziehen und nicht die modische Markenware tragen. Offensichtlich ist das Selbstwertgefühl der Kinder so gering, dass sie ihre Akzeptanz von teurer Mode abhängig machen. Viele trauen sich selbst so wenig zu, dass sie äußere Statussymbole brauchen, hinter denen sie sich verstecken können.

Heute zählt nur ein Wissen, das auf Machbarkeit und Beherrschung aus ist. Man will alles in der Hand haben, sein Leben, die Güter dieser Welt und die Menschen. Intelligenz dient nicht mehr der absichtslosen Kontemplation der Wahrheit, sondern wird als Mittel für soziale Dominanz und Kontrolle verstanden. Man will mit seinem technischen Wissen den Himmel auf Erden installieren. Doch zugleich spüren wir die Bedrohung durch solches Denken. Immer mehr Reichtum wird von immer weniger Menschen für sich in Anspruch genommen. Das Herrschaftswissen kennt keine Grenze und möchte alles kontrollieren. Nicht die Wahrheit zählt, sondern das Wissen, das Vorteile bringt, das in bares Geld und Macht umgesetzt werden kann. Dabei wird bei jedem kritischen Nachdenken klar, dass Macht und Geld allein und in sich kein Wert sind, dass sie nichts nützen, wenn wir nicht wissen, wozu sie gut sind und wozu sie dienen. Und unsere geschichtliche Erfahrung zeigt, dass Fortschritte wissenschaftlicher und technischer Intelligenz auch gefährliche und zerstörerische Ergebnisse gezeitigt haben.

In dieser Situation wächst die Sehnsucht nach wahrer Weisheit, nach absichtsloser Weisheit, nach einer Weisheit, die nicht viel Wissen anhäuft, um Macht über andere zu bekommen, sondern nach einer Weisheit, die tiefer sieht. Weisheit ist letztlich die Erkenntnis der Gründe des Seins, ein Hineinschauen in die Tiefen des Seins. Diese Weisheit will nichts erreichen. Sie ist nicht geleitet von dem Gedanken der Nützlichkeit und von der Gier der Verzweckung. Sie will etwas sehen, erkennen. Sie will bewundern und bestaunen. Sie lässt die Dinge, wie sie sind, und beugt sich vor ihrem Geheimnis. Sie ist offen für das Ganze, auch für das Unendliche. Sie ist kritisch auch sich selber gegenüber. Sie will nicht zugreifen und beherrschen, sondern verstehen. Zu einer solchen Weisheit gehört in einem gewissen Sinn also auch Demut, die nicht Stumpfheit des Geistes ist, sondern höchste Achtsamkeit und tiefe Sensibilität der Wahrnehmung: Aufmerksamkeit auf die Wahrheit des Ganzen der Wirklichkeit.

Zu dieser Sehnsucht nach Weisheit gesellt sich die Sehnsucht nach einer Freiheit, die sich nicht über die Fülle der Konsummöglichkeiten und über das Haben definiert. Gerade Menschen, die viel besitzen, spüren oft sehr schmerzhaft, dass ihr Besitz sie nicht glücklich macht, sondern eher besessen. Sie sehnen sich oft nach einem einfachen Leben. Und sie sehnen sich nach der inneren Freiheit, dass sie – wie Paulus es ausdrückt – die Dinge besitzen, als besäßen sie sie nicht, dass sie umgehen können mit Fülle und Mangel. Paulus nennt diesen Zustand „Initiation", Einweihung. Heute sehnen sich viele Männer danach, in das Geheimnis des Lebens eingeweiht zu werden. Sie haben es satt, nur auf der oberflächlichen Ebene von Reichtum und Geld zu leben. Sie wollen initiiert werden, eingeweiht in die Tiefen Gottes und des Menschen. Die Eltern, die von ihren Kindern ständig bedrängt werden, doch das oder jenes noch zu kaufen, damit sie in ihrer Klasse akzeptiert werden, sehnen sich danach, frei zu werden von dem Druck, immer mehr anhäufen zu müssen. Sie sehnen sich nach einem Wert, der aus ihnen selbst kommt. Und sie sehnen sich danach, dass ihre Kinder unabhängig werden von der Wertschätzung der Klasse, dass sie genügend Selbstvertrauen haben, aus sich zu leben und nicht aus den Beurteilungen der anderen, die gar nicht mehr in Berührung sind mit sich selbst und ihrem Wert, sondern sich nur noch von außen her definieren.

Auf diese Sehnsucht nach wahrer Weisheit und echter Freiheit antwortet Jesus in der Seligpreisung der Armen im Geiste. Während Lukas an die tatsächlich Armen denkt, versteht Matthäus die Armut hier als innere Haltung. Bei Lukas spricht Jesus denen, die nichts haben, das Heil zu, das Gott ihnen schenkt. Im Reich Gottes sind es zuerst die Armen, die dort eintreten dürfen. Sie sind offen für das, was Gott ihnen verheißt. Bei Matthäus ist die Seligpreisung nicht in erster Linie eine Zusage, sondern Aufzeigen eines

Weges. Daher verlangt die Armut im Geiste von den Zuhörern eine Arbeit an sich selbst. Armut im Geist ist letztlich die Haltung, die viele geistliche Schriftsteller und Mystiker vom Menschen fordern und die auch Psychologen als Weg zum wahren Glück sehen. Es ist die Haltung der inneren Freiheit und Unabhängigkeit. Jesus preist nie einfach nur die selig, die kein Geld haben. Denn nichts zu haben, besitzlos zu sein, ist für die Bibel kein erstrebenswertes Ziel. Jesus geht es um die innere Freiheit, die uns sagen lässt: „Ich hänge nicht an den Dingen, nicht an den Menschen. Ich brauche den Reichtum nicht. Wenn ich etwas habe, kann ich es auch mit andern teilen. Ich kann es genießen, aber ich jammere nicht, wenn ich es nicht bekomme." Diese innere Freiheit den Dingen und Bedürfnissen gegenüber ist die Voraussetzung zu wahrem Glück. Das haben schon die stoischen Philosophen in Griechenland erkannt. Für sie ist Glück immer innere Freiheit.

Armut im Geiste meint noch etwas anderes: Offenheit für das, womit Menschen und Gott mich täglich beschenken möchten. Ich kenne viele Menschen, die sich zum Beispiel nicht über Geschenke freuen können. Es sind immer Menschen, die Meister im Unglücklichsein sind. Sie empfinden nie Glück, weil sie nicht offen sind für das Neue und Unerwartete, das das Leben uns bereit hält. Satte Menschen sind selten glückliche Menschen. Sie sind träge. Ihnen fehlt die innere Leere, die nach der Fülle ruft. Ihnen fehlt die Spannung, die zum Glücklichsein dazu gehört.

Die Weisen des Ostens ebenso wie die Mystiker der christlichen Tradition haben die Armut im Geist auf ihre Weise verstanden. Es ist die Freiheit nicht nur vom Besitz, sondern letztlich die Freiheit vom eigenen Ego. Wer im Geist arm ist, der ist offen für sein wahres Wesen, der ist offen für Gott, der in ihm ist. Meister Eckehart spricht in einer Predigt über Mt 5,3 von einer dreifachen Armut: Arm im Geist ist der, der nichts will, der nichts weiß und der nichts hat. Für den spirituellen Menschen heißt das, dass er auf seinem spirituellen Weg nichts erreichen will. Er benutzt Gott nicht, um etwas für sich zu haben, um die Erfüllung seiner Wünsche zu erleben oder um sich in Gott wohler oder sicherer zu fühlen. Armut im Geist heißt Absichtslosigkeit. Und diese Absichtslosigkeit ist gerade im Umgang mit Gott und auch im Umgang mit Menschen die Voraussetzung für eine gelingende Begegnung. Wenn jemand etwas von mir will, dann begegne ich ihm nur in einer ganz eingeschränkten Weise. Es kann in dieser Begegnung keine Verwandlung stattfinden, keine Berührung des andern. Es ist eine geschäftsmäßige Beziehung. Sie entspricht nicht dem Geheimnis personaler Begegnung.

Die zweite Form der Armut ist, dass wir nichts wissen. Auch diese Einsicht finden wir in der Weisheitsliteratur aller Völker. Der wahre Weise weiß, dass er nichts weiß. Von Sokrates ist diese Einsicht überliefert. Meister Eckehart versteht dieses Wort noch etwas anders. Der wahre Weise weiß auch nichts von Gottes Wirken in sich selbst. Er überlässt sich einfach Gott. Doch er weiß nicht, wie Gott und wann und wo Gott in ihm wirkt. Er verzichtet darauf, Gottes Wirken zu erklären. Er überlässt sich dem Geheimnis seiner Gnade. Er beschränkt sich auf die Auswirkungen von Gottes Handeln. Er verzichtet darauf, alles genau zu erklären. Er lässt alles Herrschaftswissen los und sehnt sich nach der wahren absichtslosen Weisheit.

Armut heißt drittens, dass ich nichts habe. Nichts gehört mir, weder ein Mensch, noch mein Haus, noch mein Leben. Ich darf alles genießen. Aber ich weiß, dass es mir nur geliehen ist. Mein Leib ist mir geschenkt. Aber ich kann ihn nicht besitzen und durch gesunde Lebensweise sein Funktionieren garantieren. Ich bin mein Leib. Aber er entzieht sich mir auch. Menschen, die ich liebe, gehören mir nicht. Sie sind frei. Und nur wenn ich sie frei lasse, vermag ich sie wirklich zu lieben. Vor allem aber gehört mir Gott nicht. Ich besitze Gott nicht, ich ergebe mich in ihn hinein, ohne etwas in Händen zu haben. So ist für Meister Eckehart die Armut im Geiste die entscheidende Haltung Gott gegenüber. Gott begegnet uns. Er wird eins mit uns. Aber wir können ihn nicht festhalten. Er ist der unverfügbare, der sich unserem Zugriff entzieht. Nur der, der sich Gott mit offenen und leeren Händen nähert, kann ihn als das große Glück erfahren. Wer sich mit seinen Händen an Gott festklammern will, berührt ihn nicht. Er hält nur seine eigenen Bilder von Gott fest. Aber Gott selbst entzieht sich ihm.

Im Buddhismus spricht man vom „Nicht-Anhaften". Das entspricht dem „Armsein im Geiste". Ich hänge nicht an den Dingen. Ich lasse mich von ihnen nicht bestimmen. Ich berühre die Dinge, aber sie heften sich nicht an mich, um mich nach unten zu ziehen oder in Besitz zu nehmen. Das Matthäusevangelium hat schon zu Beginn die Weisen aus dem Morgenland nach Bethlehem ziehen lassen, um auszudrücken, dass in diesem Jesus von Nazareth die Weisheit des Ostens und Westens, des Südens und Nordens vereinigt ist. Die Magier beugen sich vor der Weisheit, die in dem Kind auf Mariens Schoß in die Welt gekommen ist.

Und Matthäus greift dieses Thema nochmals auf, indem er Jesus mit Salomo vergleicht. Die Königin des Südens kam, um Salomos Weisheit zu hören. Jesus selbst sagt von sich: „Hier aber ist mehr als Salomo." (Mt 12,42) Jesus greift in seinen Worten die Sehnsucht der Weisen aus dem Osten und dem Süden auf und überbietet sie. Der Weisheit aller Völker geht es immer um die Frage, wie das Leben gelingt. Die Grundfrage aller Weisheit ist, wie der Mensch glücklich werden kann. Und auch die Wege, die die Weisheit anbietet, ähneln sich. Jesus greift die Weisheit des Ostens auf, wenn es ihm um das Nicht-Anhaften an die Dinge geht, um die innere Freiheit den Dingen und Menschen gegenüber. Und er antwortet auf die Urfrage aller Menschen, wie der Mensch das Glück erreichen kann.

Für Gregor von Nyssa ist die Armut im Geiste die Bedingung, sich in Freiheit zu Gott zu erheben. Er deutet diese Seligpreisung also nicht moralisierend als Verzicht auf allen Besitz, sondern mystisch als Weg zu Gott: „Willst du wissen, wer arm im Geiste ist? Derjenige, welcher den Reichtum der Seele für das Wohlergehen des Leibes eintauscht; der um des Geistes wegen Not leidet, der den irdischen Reichtum wie eine Last abschüttelt, damit er sich emporheben und durch die Lüfte nach oben sich schwingen kann." (Gregor 163) Die innere Armut erhebt also die Seele zu Gott. Sie befreit uns von aller Anhänglichkeit. Besitz zieht nach unten. Der Geist, der frei geworden ist vom Anhaften an das Materielle, kann sich in der Kontemplation zu Gott erheben und mit Gott eins werden.

Die erste Seligpreisung ist also ein Weg zur inneren Freiheit und so zum wahren Glück. Aber sie ist zugleich auch Verheißung an die, die nichts in den Händen haben, die sich vor Gott ohnmächtig fühlen, die mit ihrer ganzen Existenz spüren, dass sie auf Gott angewiesen sind. Und sie ist eine Verheißung für die, die keinen spirituellen Weg gehen können, die einfach nur enttäuscht sind über sich selbst, die in sich gefangen sind. Das hat Boris Pasternak meisterhaft in seinem Roman Doktor „Schiwago" in der Szene dargestellt, in der Lara, die von einem reichen Anwalt verführt worden ist, sich innerlich leer und verzweifelt in eine Kirche flüchtet: „Lara war nicht fromm. Sie glaubte nicht an kirchliche Dogmen und Riten. Aber manchmal bedurfte sie einer gewissen inneren Musik, um das Leben ertragen zu können. Diese Musik konnte man nicht aus eigener Kraft bei jeder Gelegenheit komponieren. Lara fand etwas von dieser Musik in Gottes Wort über das Leben. Und sie ging deshalb in die Kirche, um hierbei weinen zu können." (Pasternak 62) Lara hört, wie der Geistliche die Seligpreisungen herunter leiert, ohne innere Beteiligung: „Selig sind die geistlich Armen ... Selig sind die Leidtragenden ... Selig sind, die da hungern und dürsten nach Gerechtigkeit ... Lara fuhr zusammen: man sprach ja von ihr, sie war gemeint. Er hatte gesagt: selig sind die Leidtragenden, die Schwachen und Unterdrückten. Sie haben der Welt etwas Besonderes zu sagen, ihnen gehört die Zukunft. Das also hatte Er gedacht. Das war Seine Meinung. Das hatte Christus gelehrt." (Ebd 63) Für viele Menschen, die das Gefühl haben, Gott nichts vorweisen zu können, auch keinen spirituellen Weg, auch nicht die Kunst des Loslassens oder Nicht-Anhaftens, die einfach nur an sich selbst leiden, die sich arm und ohnmächtig, leer und bedrückt fühlen, sind die Seligpreisungen Worte der Hoffnung. Mitten in ihrer Armut und in ihrem Leid hören sie die Zusage Jesu, dass sie die besondere Nähe Gottes erfahren werden, dass sie vor Gott eine unantastbare Würde haben. Das verwandelt ihre Not. Sie fühlen sich nicht mehr allein gelassen, sondern getragen und ernst genommen. Sie haben die Armut im Geiste nicht eingeübt. Das Leben hat ihnen alles entrissen, nicht nur den Besitz, sondern auch das Gefühl für die eigene Würde. Aber nun, da sie von allem entblößt sind, dürfen sie die Zusage erfahren, dass sie nicht weit vom Reiche Gottes entfernt sind, ja dass sich Gott ihnen in besonderer Weise zuwendet. Das gibt ihnen ihre Würde wieder. Das ist für sie ein Wort der Hoffnung, dass auch ihr Leben trotz allem gelingen kann.

Wie das Glück aussieht, das durch die acht Haltungen in den Menschen wächst, konkretisiert Jesus jeweils in dem Nachsatz: „Denn …". Der Seligpreisung der Armut im Geist folgt der Satz: „Denn ihnen gehört das Himmelreich." Das Himmelreich ist bei Matthäus das, was Jesus im Markusevangelium „Reich Gottes" nennt. Himmelreich ist der Ort, in dem Gott in uns herrscht. Wer arm ist im Geist, der verzichtet darauf, alles in den Griff zu bekommen und alles in sich zu kontrollieren. Er ist offen für Gottes Herrschaft. Dort, wo Gott in ihm herrscht, findet er zu seinem wahren Selbst. Im Bild des Himmelreiches klingt mit: in so einem Menschen geht der Himmel auf. In ihm ist Himmel, ein Raum von Weite und Freiheit, von Fülle und Liebe.

Carl Friedrich von Weizsäcker hat in einer Meditation über diese Worte darauf aufmerksam gemacht, dass hier im Griechischen steht: *„estin".* Das Reich der Himmel ist für sie da, es ist schon gekommen: „Das heißt nicht, es ist nahe herbeigekommen, das heißt nicht, es ist ‚in irgendeiner

Weise schon da, sondern das Perfekt des Griechischen ist ein Präsens. Das ist ein Präsens, das sagt, welcher Zustand eingetreten ist und nunmehr besteht." (Weizsäcker 34) Der jüdische Theologe Pinchas Lapide, der mit Weizsäcker einen Dialog über die Bergpredigt geführt hat, betont jedoch, dass im Hebräischen steht: „Sie haben Anteil an der künftigen Welt" oder „Sie sind teilhaftig an der kommenden Gottesherrschaft". (Ebd 31) Wenn ich die griechische Variante vorziehe, dann heißt es für mich: Wer frei wird von aller Anhänglichkeit an die Dinge dieser Welt, in dem herrscht Gott. Und Gottes Herrschaft macht ihn wahrhaft frei.

Was Jesus in der ersten Seligpreisung als Weg zum Glück beschrieben hat, das finden wir der Sache nach in dem deutschen Märchen von „Hans im Glück". In einer humorvollen und spielerischen Weise ist das gleiche Thema aufgegriffen. Hans ist glücklich, weil er von seinem Lehrherrn einen Klumpen Gold bekommt. Auf dem Weg nach Hause wird ihm das Gold zu schwer. Er tauscht es ein gegen ein Pferd, das voller Kraft und Schnelligkeit ist. Doch es ist ihm zu schnell und wirft ihn ab. So tauscht er es gegen eine Kuh ein. Die Kuh wird gegen das Schwein und das gegen die Gans eingetauscht. Schließlich ist er fasziniert vom Scherenschleifer und tauscht die Gans gegen den Schleifstein ein. Nachdem er des Genusses überdrüssig geworden ist, zieht ihn das Arbeiten an, bei dem etwas herauskommt. Doch der Stein fällt ins Wasser. Jetzt hat er nichts mehr. Aber ausgerechnet jetzt beginnt er zu tanzen und singt, er sei der glücklichste Mensch auf Erden. Jetzt ist sein Glück nicht mehr abhängig von Besitz, Genuss oder Erfolg. Jetzt ist er ganz er selbst. Er ist dankbar für sein Leben. Er kann es genießen. Was das Märchen hier humorvoll und in bilderreicher Vorstellung schildert, das meint auch Jesus mit der Armut im Geist: einfach nur da zu sein, ohne Absicht, jeden Augenblick genießen, dankbar zu sein für das, was ist. Das genügt. Das ist wahres Glück.

Glücklich sind die Trauernden,
denn sie werden getröstet werden

Menschen glauben, sie könnten alles erreichen, was sie wollen. Doch je mehr sie erreichen, desto mehr tut sich ihnen auf, was sie vernachlässigen. Wer sich nur für die Arbeit engagiert und dabei viel Geld verdient, erkennt auf einmal, dass er keine Zeit mehr hat für die Familie. Wenn dann die Ehe auseinander geht, bricht etwas in ihm zusammen. Bei allem Streben erkennt der Mensch, dass er immer hinter den eigenen Möglichkeiten zurückbleibt. Und alles, was er tut, wird erkauft durch etwas, was ihm fehlt. Man kann nicht alles zugleich haben: Erfolg und Zeit, Liebe und Karriere, Freundschaft und Ehrgeiz. Wir erfahren unsere Endlichkeit, unsere Begrenztheit. Alles, was wir auf der einen Ebene erstreben, wird erkauft durch einen Verlust auf einer anderen Ebene. Oft genug erkennen Menschen, die sich voller Idealismus für ihre hehren Ziele eingesetzt haben, dass ihre Ideale zerbrechen, dass die Realität oft schonungslos und erbarmungslos ist. Und irgendwann erkennen sie, dass sie nicht der geworden sind, der sie sein wollten und könnten. Kierkegaard wird der Satz zugeschrieben, in der sich so manche Erfahrung solcher Diskrepanz wiederspiegelt: „Der, der ich bin, grüßt trauernd den, der ich sein könnte."

In einer Welt, in der alles machbar zu sein scheint, haben Trauernde keinen Platz. Wer einen lieben Menschen durch den Tod verloren hat, hat den Eindruck, dass er nicht trauern darf. Er erlebt von seinem Gegenüber einen Vorwurf, wenn er plötzlich im Gespräch weint. Manchmal weichen Freunde auf die andere Straßenseite aus, wenn sie ihm begegnen. Sie wollen mit seiner Trauer nichts zu tun haben. Trauernde fühlen sich ausgeschlossen aus der menschlichen Gemeinschaft. Sie dürfen ihre Gefühle nicht zeigen.

Viele leiden an ungelebtem Leben. Sie leben nicht wirklich. Sie verschließen ihren Blick vor den Defiziten, die sie in ihrer Kindheit erlebt haben, vor dem Defizit an Liebe, an Wertschätzung, an Zuwendung. Der Blick auf den Mangel in ihrem Leben würde zu weh tun. Sie schauen nicht in ihr Herz, sondern nur nach außen, ob da genug zu haben ist, was ihren Mangel ausgleicht. Doch je mehr sie nach außen blicken, desto leerer wird ihr Herz, desto weiter entfernen sie sich von sich selbst. Und irgendwann erkennen sie: ich habe nie gelebt. Sie sind nicht in Berührung mit sich selbst, weil sie den Schmerz nicht aushalten, der dann aufbrechen würde.

In dieser Situation sehnt sich der Mensch nach einem Leben, in dem er sich der Realität zu stellen vermag, ohne sie zu beschönigen, in der er auch seiner Trauer Raum geben kann. Und er sehnt sich danach, dass er in der oft harten Realität mit ihren vielen Verlusterfahrungen dennoch die Fülle des Lebens zu erfahren vermag. Er möchte der Wirklichkeit ins Auge sehen und dort, wo er in seiner Begrenzung ist, dennoch das grenzenlose Glück erfahren. Er ahnt, dass das nur über die Trauer geht. Aber er weiß nicht, wie ihm das gelingen soll.

In diese Situation hinein spricht Jesus seine zweite Seligpreisung.

In ihr werden nicht nur die glücklich gepriesen, die gerade um einen lieben Verstorbenen trauern. Sicher ist es auch wichtig für das Gelingen des Lebens, dass wir richtig und angemessen um die Verstorbenen trauern. Ohne diese Trauerarbeit – so meint die Psychoanalytikerin Margaret Mitscherlich – werden wir von der Trauerkrankheit heimgesucht. Sie besteht darin, dass wir immer um die gleichen Anklagen und Selbstanklagen kreisen und narzisstisch um uns selbst und unseren Schmerz trauern. Diese Trauer führt dann „nicht zu einer Bereicherung unseres Ichs, sondern zu einer ‚großartigen Ich-Verarmung'. Wertvolle Teile des eigenen Ichs werden quasi mit den Verstorbenen begraben." (Mitscherlich 69) Die angemessene Trauer um Verstorbene führt uns zu neuen Möglichkeiten, die in uns bereit liegen. Aber es ist immer ein schmerzhafter Prozeß, den wir nicht einfach überspringen können. Wenn wir uns der Trauer stellen, dann erinnern uns die Verstorbenen an den Reichtum unserer eigenen Seele, dann entdecken wir unsere eigenen Möglichkeiten. Die „Unfähigkeit zu trauern" dagegen führt zur Erstarrung.

Mitscherlich spricht nicht nur von der Trauer beim Abschied von Menschen, sondern auch von der Trauer „über den Verlust der Kindheit und der Jugend, um den Verlust von Idealen und Traditionen, um verlorene Beziehungen und verlorenes Glück". (Ebd 71) Es gibt auch die Trauer über das ungelebte Leben, die manche gerade in der Lebensmitte überkommt. Die Trauer zu erleben ist die Bedingung dafür, dass sich neue Lebensmöglichkeiten in uns auftun, dass wir mit den inneren Ressourcen in Berührung kommen. Wer diese Trauer vermeidet, der verschließt sich immer mehr und stagniert innerlich. Daher ist die Trauerarbeit entscheidend für gelingendes Leben. Sie führt „zur Offenheit für neue Erfahrungen … und fügt den mitmenschlichen Beziehungen bisher unbekannte Dimensionen hinzu." (Ebd 73) Margarete Mitscherlich meint, dass die Trauerarbeit gerade Männern sehr schwer fällt: „Trauerarbeit zu leisten heißt also auch, falsche Hoffnungen und Rollenstereotype aufgeben zu können, sich mit dem Ende einer Beziehung, einer Karriere, des Lebens überhaupt innerlich zu konfrontieren. Das ist für den Mann, der mit der Notwendigkeit zu verzichten in seiner Erziehung und in seinem Leben viel seltener konfrontiert wird als die Frau, besonders schwierig. Für ihn hält die Gesellschaft allerdings auch viele Ausflüchte bereit, mit deren Hilfe er sich der Konfrontation mit Trennung und Trauer, mit dem Tod, aber auch mit dem Abschied von Größenphantasien und den mit Herrschaftsdenken verbundenen Rollenfixierungen entziehen kann. Die unausweichlichen Folgen sind Einengung und Verarmung seines Gefühlslebens. Die mangelnde Einfühlung in seine eigene innere Welt und die der anderen verstärkt die Neigung zu Projektionen und den Aufbau von Feindbildern." (Ebd 76) Von daher können wir verstehen, dass Jesus die selig preist, die bereit sind zu trauern, die sich dem Schmerz des Abschieds von Illusionen stellen. Nur sie werden innerlich gesund bleiben. Und nur für sie wird nach dem Schmerz der Trauer wahres Glück möglich. Jesus beschreibt die Trauer als einen Weg zum Glück.

Trauern heißt für mich in erster Linie: Abschied nehmen von den Illusionen, die man sich über sich selbst und die Zukunft gemacht hat. Ich kenne viele Menschen, die sehr unglücklich sind, weil sie an ihnen festhalten. Sie halten fest an der Illusion, dass sie die größten und schönsten und intelligentesten Menschen sind, auch wenn sie spüren, dass das nicht stimmt. Sie klammern sich an die Illusion, dass alles glatt geht, dass sie immer Erfolg haben und den Traumberuf und die Traumpartnerin bekommen. Wenn das Leben ihre Illusionen nicht einlöst, dann jammern sie wie ein kleines Kind, das nicht bekommt, was es unbedingt will. Sie wollen nicht akzeptieren, dass das Leben ihre Träume nicht verwirklicht hat. Die Bedingung, zu einem glücklichen Leben zu finden, besteht in der Bereitschaft, meine Illusionen zu betrauern und mich auf die Wirklichkeit einzulassen, so wie sie ist. Trauern ist ein Weg, mich der Wirklichkeit zu stellen und frei zu werden von den Illusionen, mit denen ich mir selbst die Wirklichkeit verstelle. In der Trauer gehe ich dem Schmerz nicht aus dem Weg. Nur wenn ich bereit bin, Schmerz und Kummer zuzulassen und auszuhalten, werde ich auch fähig zum Glück. Erich Fromm schreibt dazu: „Sich um jeden Preis vor Schmerz zu schützen, kann nur mit vollständiger Isolierung erkauft werden, wodurch auch die Möglichkeit, Glück zu erleben, ausgeschlossen wird. Das Gegenteil von Glück ist also nicht Kummer oder Schmerz, sondern die Depression, die aus innerer Sterilität und Unproduktivität entsteht." (Fromm, Psychoanalye und Ethik 203)

Die Psychologie hat die Bedeutung der Trauer für das Gelingen des Lebens erkannt. Kein Mensch kann alle Lebensmöglichkeiten verwirklichen. Der Ehelose verzichtet auf die Ehe als eine sehr erfüllende Lebensweise. Seine Ehelosigkeit kann nur gelingen, wenn er die Nichtmöglichkeit der Ehe betrauert. Wenn er seiner Trauer aus dem Weg geht und sich in seiner Ehelosigkeit über andere stellt, dann wird er neurotische Symptome entwickeln. Jeder muss das, was er nicht leben kann, betrauern. Wenn die Trauerarbeit nicht geleistet wird, entstehen neurotische Konflikte, die dann mit irgendwelchen Symptomen ausagiert werden. Für die persönliche Reifung ist das Betrauern nicht realisierter Möglichkeiten ein wichtiger Schritt. Ich muss betrauern, dass ich ehelos bin, oder dass ich die andere Frau wegen meiner jetzigen Frau nicht heiraten kann. Sobald ich mich für etwas entscheide, muss ich das, was ich nicht leben kann, betrauern. Jede Entscheidung beschenkt mich und beraubt mich. Sie legt mich fest. Und in jeder Entscheidung schließe ich etwas aus. Das, was ich ausschließe, muss ich betrauern. Wenn das Betrauern ausfällt, dann fülle ich das Defizit, das in mir bleibt, mit irgendwelchen Surrogaten aus. So ein Surrogat kann übermäßiges Essen oder Trinken sein, oder die Suche nach Erfolg und Bestätigung, Eitelkeit und Geltungssucht. Es kann die Haltung sein, etwas Besonderes zu sein. Anstatt mein Defizit zu betrauern, glorifiziere ich es als große asketische Leistung oder als besondere spirituelle Begabung. In der Psychologie spricht man dann von narzisstischen Kompensationsprozessen. Da kompensiert z. B. ein Mann, der keine Frau gefunden hat oder dessen Partnerschaft zerbrochen ist, seine Leere damit, dass er sich in die Arbeit stürzt oder dass er sein Leben voll und ganz dem Meditieren widmet und sich in der Meditation über die andern erhebt, die nichts von Spiritualität wissen. Anstatt die unerfüllte Sehnsucht nach Liebe zu betrauern, kompensiert er sie mit Bewunderung. Er lässt sich von andern bewundern. Aber eigentlich steht dahinter die Sehnsucht nach Liebe. Ein anderer ist verheiratet. Aber nun trifft er eine Frau, von der er fasziniert ist. Doch er stellt sich der Trauer nicht, dass er schon gebunden ist und dass diese Frau für ihn nicht erreichbar ist. Dann kompensiert er das, was er nicht leben kann, entweder mit der Glorifizierung seiner Ehe oder seiner persönlichen Integrität und Treue. Doch unter dieser Glorifizierung wachsen die Aggressionen auf die eigene Frau oder auf sich selbst. Hinter der Sucht, vor den andern als etwas Besonderes zu erscheinen, steckt die Angst um sich selbst, die tiefe Verunsicherung, dass man keine Garantie über sich und seine Gefühle hat. Und oft genug drückt sich diese Angst dann in Selbstentwertung, Selbstverurteilung und Selbstbestrafung aus.

Es ist ein entscheidender Unterschied zwischen Kompensation und Sublimation. Kompensation ist eine unteroptimale Lösung, mit der ich durchaus leben kann. Manchmal kann der religiöse Weg eine Kompensation sein. Und für viele ist dieser Weg durchaus legitim und auf dem Hintergrund der eigenen Entwicklung und der Verletzungserfahrungen seiner Geschichte vielleicht der einzig mögliche Weg, um zu überleben. Aber die reife Entscheidung ist die Umwandlung eines Verzichts in eine positive Möglichkeit, also Sublimation – und das ist Trauerarbeit. Ich finde meine Identität, wenn ich mich der Frage stelle: Welche Räume werden nicht erfüllt, wenn ich mich für mein Leben in seiner jetzigen Form entscheide? Auch meine Spiritualität bekommt eine andere Qualität, wenn ich in ihr nicht meine Defizite überspringe, sondern sie betraure und Gott hinhalte. Dann kann die spirituelle Erfahrung das Defizit erfüllen, ohne dass es neurotische Symptombildung gibt.

Wenn ich zu schnell von der Erfahrung mangelnder Liebe in die Liebe Gottes flüchte, werde ich zwar von dieser Liebe Gottes schwärmen. Aber ich werde sie nicht wirklich erfahren. Nur wenn ich den Schmerz über die mangelnde Liebe Gott hinhalte und die Trauer darüber aushalte, wächst in mir die Ahnung einer Liebe, die in mir ist und die größer ist als menschliche Liebe, die Ahnung von einer göttlichen Liebe, die mich umgibt und die in mir strömt als eine Quelle, die nie versiegt.

Die frühen Mönche unterschieden Traurigkeit von Trauer. Traurigkeit als *lype* meint die weinerliche Haltung, in der ich jammere, weil ich nicht bekomme, was ich erwünsche. Trauer dagegen als *penthos* meint die Bereitschaft, über mein Zurückbleiben, meine Sünde, meine Absonderung, meine Isolation zu trauern und durch die Trauer in Berührung zu kommen mit dem eigenen Herzen und im Herzen mit Gott. Evagrius Ponticus beschreibt im 4. Jahrhundert den Unterschied zwischen Trauer und Traurigkeit: Die Trauer weint und befruchtet daher die Seele. Die Traurigkeit dagegen ist nur weinerlich. Weil sie den Schmerz nicht betrauert, sondern weinerlich um ihn kreist, mündet sie in einen unfruchtbaren Narzissmus. Etwas, was viele Menschen heute betrauern müssten, sich aber davor verschließen, ist das ungelebte Leben. Ich kenne viele Menschen, die sich im Gespräch ehrlich eingestehen, dass sie eigentlich noch nie gelebt haben. Diese Erkenntnis tut weh. Sie kann in die Verzweiflung oder Sinnlosigkeit führen. Nur wenn ich sie betrauere, kann sie sich wandeln. Dann erkenne ich die Durchschnittlichkeit und Banalität meines Lebens, all dessen, was ich erträumt habe und jetzt nicht mehr leben kann. Durch die Trauer hindurch kann ich mich dann aussöhnen mit mir, so wie ich bin. Ich verzichte auf die eigene Grandiosität. Ich muss nicht immer etwas Besonderes sein. Ich nehme mich an, in meiner Brüchigkeit, in meiner Begrenztheit, aber auch in meiner Einmaligkeit und meinem wahren Wert.

Carl Friedrich von Weizsäcker sieht in den Worten Jesu selbst schon den Trost. Jesus verheißt nicht nur Trost: „Der Satz ist selber Trost. … Dieser Satz *ist* das, wovon er spricht." (Weizsäcker 68) Und er fragt sich, wie die Seligkeit mit der Trauer zusammenhängt. Er kommt auf die Trauerarbeit zu sprechen: „Der, der sich darauf einlässt, der seine Trauer als Trauer quasi akzeptiert, gewinnt eine Chance. Nicht, wenn er sich ihr hingibt, das ist etwas ganz anderes, sondern wenn er sie als etwas eigentlich Unerträgliches akzeptiert, entsteht eine innere Bewegung, entsteht eine innere Arbeit, die schon allein dadurch, dass sie arbeitet, ein Element des Trostes enthält." (Ebd 69) Wer der Trauer ausweicht, der lebt immer in der Angst vor dem, was ihn treffen oder was oder wen er verlieren könnte. Sich der Trauer zu stellen ist die Voraussetzung von Trost, von Festigkeit und Glück.

Nicht in der Sprache der Psychologie, aber doch auch mit einer von einer tiefen Menschenkenntnis geprägten Beobachtungsgabe, beschreibt Gregor von Nyssa die Trauer. Er spricht von Menschen, die empfindungslos und abgestumpft geworden sind. Sie sind gleichsam abgestorben. Der Arzt muss diesen Menschen eine Arznei geben, die es ihnen ermöglicht, die schmerzenden Glieder wieder zu spüren. Die Worte Jesu von der Trauer – so meint Gregor – sollen dem Empfindungslosen und Erstarrten gleichsam einheizen, damit er sich selbst und den Schmerz über seinen Zustand wieder spürt. Jesus bereitet die Seele für die Empfindung des Schmerzes vor und macht ihn auf diese Weise empfänglich für die Seligkeit. (Gregor 174f) Die Trauer ist für Gregor auch eine schmerzliche Erinnerung an das höchste Gut, das der Mensch im Paradies besessen hat: „Unverweslichkeit, Glückseligkeit, Bedürfnislosigkeit, Unabhängigkeit, Schmerzlosigkeit und Mühelosigkeit des Lebens, Unterhaltung mit göttlichen Dingen und die Gabe, mit offenem, von jeder Täuschung freiem Geiste das Gute zu sehen." (Ebd 179) Jesus will mit seinen Worten in uns die Sehnsucht nach dem wahren Gut wecken. Und dieses höchste Gut ist letztlich Gott selbst, mit dem wir eins werden dürfen.

„Selig die Trauernden." Das bezieht sich nicht nur auf die, die das betrauern, das sie nicht leben können, sondern auch auf das Leid. Das Leid scheint das Gegenteil von Glück zu sein. Oft genug raubt uns ein großes Leid das Glück, nach dem wir uns sehnen. Doch wenn wir nur auf der Flucht vor dem Leiden sind, das uns manchmal erfasst, dann sind wir auch unfähig, wirklich glücklich zu sein. Denn wir müssen immer in Angst leben, dass uns das Glück entrissen werden kann. Mir hat eine junge Frau erzählt, die sehr erfolgreich war und der scheinbar alles glückte, sie sei todunglücklich, weil sie ständig Angst habe, es könne doch nur bergab gehen. Weil sie soviel erreicht habe, müsse sie doch jetzt verlieren. Sie konnte das Gute nicht genießen, sondern lebte in Angst, es könne ihr entrissen werden. Dostojewski lässt den Staretz Sossima sagen: „Suche im Leid das Glück!" (Maurina 300) Der russische Dichter empfindet gleichsam „eine mystische Ehrfurcht vor dem Leid, das für ihn eine Art Auszeichnung ist". (Ebd 301) Damit drückt er aus, was sein deutscher Zeitgenosse Nietzsche so beschrieben hat: „Wo Leid ist, ist geweihte Erde."

Das Glück, das Jesus den Trauernden zuspricht, ist der Trost: „Denn sie werden getröstet werden." Wenn die Bibel die nächsten Glücksverheißungen alle im Passiv ausdrückt, so meint sie damit, dass Gott es selbst ist, der tröstet. Die jüdischen Theologen sprechen vom Passivum divinum als einer frommen Umschreibung Gottes. Die frühen Kirchenväter deuten dieses Passiv auf Christus selbst. Christus selbst ist es, der uns tröstet. Ja, er selbst ist der Trost. Wenn wir auf ihn schauen, erfahren wir mitten in unserer Trauer schon Trost. Trost ist Festigkeit. Wer sein ungelebtes Leben, die Defizite und die Verluste seines Lebens betrauert, der bekommt einen neuen Stand im Leben. Er hat festen Boden unter den Füßen. Er vermag zu sich zu stehen. Er bekommt Stehvermögen. Das griechische Wort, das Jesus hier benützt, heißt *parakaleo*. Es bedeutet „herbeirufen, beistehen". Der Paraklet ist der Beistand. Wenn einer seine Defizite anerkennt, dann erfährt er darin den Beistand Gottes. Gott steht ihm bei, dass er durch das Defizit hindurch in Berührung kommt mit seinem eigentlichen Wesen, mit dem Potential, das in seiner Seele schlummert. Oder anders ausgedrückt: Das, was ich nicht leben kann, wird durch das Betrauern herbeigerufen. Es kommt von einer anderen Seite her neu auf mich zu.

Meisterhaft hat Graham Greene in seinem Buch „Ende einer Affäre" die Trauer von Bendrix, einem erfolgreichen Schriftsteller, geschildert. Er hatte sich verliebt in Sarah, die Frau von Henry, einem Beamten. Sarah hatte sich von Bendrix getrennt, weil sie in ihrer Krankheit eine neue

Beziehung zu Gott gefunden hatte. Als sie gestorben ist, liest Bendrix in ihrem Tagebuch, dass sie letztlich in Gott ihren tiefsten Grund hatte. Das macht ihn zuerst eifersüchtig. Aber dann wandeln sich seine Eifersucht und sein Hass in Trauer. Und die Trauer verwandelt sein Herz. Greene schließt das Buch mit der Reflexion des verwandelten Schriftstellers: „Am Anfang dieses Buches schrieb ich, dass es eine Geschichte des Hasses sei, und als ich nun an Henrys Seite zu unserem abendlichen Glas Bier ging, da kam mir das einzige Gebet in den Sinn, das meiner winterlich düsteren Stimmung gerecht wurde: ‚O Gott, Du hast genug getan, Du hast mir genug geraubt. Ich bin zu müde und zu alt, als dass ich mit der Liebe von neuem beginnen könnte. Darum lass mich, bitte, für immer allein.‘" (Greene 183) Die Trauer über den Verlust seiner Geliebten hat ihn versöhnt mit ihrem Ehemann, den sie nie verlassen hat. Und sie hat ihn verwandelt, so dass er nun ja sagt zu seinem Alleinsein. Auch wenn es ein trauerndes Ja ist, so eröffnet es ihm doch einen Weg, sein Alleinsein nicht mit großen Worten, doch mit innerem Frieden zu leben.

Glücklich sind die Freundlichen,
denn sie werden die Erde erben

Freundlichkeit bestimmt nicht gerade das Klima des Miteinanders in unserer Gesellschaft, die von früh auf eine Konkurrenzgesellschaft ist, in der sich jeder mit jedem vergleicht. Schulpsychologen klagen darüber, dass die Schüler immer aggressiver werden. Nicht nur von verbalen Attacken ist die Rede, sondern auch von wirklicher Bedrohung und körperlicher Gewalt. Gewalt in den Schulen ist ein Thema, das auf vielen Lehrertagungen behandelt wird. Und oft genug sind die Lehrer hilflos, wissen nicht, wie sie diesem Phänomen begegnen sollen. Sie leiden unter Stress und depressiven Symptomen und spüren doch, dass Aggression nicht mit Gegenaggression geheilt werden kann. Die Aggressivität der Schüler hat viele Ursachen. Psychologen weisen darauf hin, dass sie unter den wachsenden Anforderungen leiden. Oft sind die Kinder am aggressivsten, die nicht genügend gelingende Beziehung erlebt oder Zuwendung und Liebe erfahren haben. Weil sie verletzt worden sind, müssen sie andere verletzen.

Aber das ist kein Thema, das man isoliert betrachten könnte. Aggressivität wird heute in der Wirtschaft als Tugend verkündet. Power ist gefragt. Je aggressiver sich ein junger Mann in seiner Firma durchsetzt, desto mehr Erfolg hat er. Er muss seine Ellenbogen einsetzen, um auf der Karriereleiter weiter zu kommen. Verkäufer müssen aggressiv auf die Kunden zugehen und um jeden Preis verkaufen wollen. Nicht der freundliche Verkäufer wird von Personalleitern gefragt, sondern der aggressive. In einer Konkurrenzgesellschaft wird die Aggressivität zur gesellschaftlich sanktionierten Leithaltung. Ohne sie scheint es keinen Erfolg zu geben. Wer sich nicht gegen andere durchsetzt, der wird auch nichts „erben".

Gesellschaftlich wird die Aggressivität immer mehr zum Problem. Nicht nur in den sogenannten sozialen Brennpunkten oder „Problemvierteln" der Großstädte gehört Gewalt inzwischen zum Alltag. Die Zeitungen berichten von Überfällen und kriminellen Attacken. Unmotiviert werden Steine in Fenster geworfen, Autos demoliert, Gräber geschändet, nicht um irgendetwas zu demonstrieren, sondern nur um der eigenen Aggressivität Luft zu verschaffen. Alles muss abgesichert werden, damit es nicht zerstört wird. In der „großen Politik" ist es nicht anders. Hier ist der Terrorismus zur großen Gefahr des 21. Jahrhunderts geworden. Im Terror wird eine Aggression ausgelebt, die grenzenlos ist. Wo sie im Namen Gottes ausagiert wird, kennt sie keine Schranken. Der Wert der Menschen zählt nicht mehr. Es geht nur noch darum, Angst zu verbreiten. Weil man sich selbst verachtet, reißt man in Selbstmordattentaten auch andere in den Tod. Aggressivität als Menschenverachtung erschüttert die Grundfesten unserer Gesellschaft, ja sie zerstört die Basis jeglichen Zusammenlebens.

Dies ist nicht eine Realität, die uns nur aus den Nachrichten der Medien bekannt ist. Das ganze soziale Klima ist davon durchtränkt. Ein Vater erzählte mir, dass sein Sohn bei Tisch ständig aggressiv über andere urteilt und diese Aggressionen auch gegen die Eltern auslebt. Wenn der Vater ihn ermahnt, hört er Worte wie: „Die Welt ist halt so hart. Du lebst ja in einem Wolkenkuckucksheim. Du hast ja keine Ahnung von der Welt. Wer nicht hart ist, kommt zu nichts."

Da erscheinen die Worte Jesu von der Milde und Sanftmut in der Tat wie Worte aus einer anderen Welt.

Und doch gibt es bei den Menschen eine Sehnsucht, dieser aggressiven Welt zu entkommen, die Sehnsucht nach einer freundlichen Welt, die Sehnsucht nach Harmonie und Akzeptanz, die Sehnsucht, bedingungslos angenommen zu sein. Viele haben es leid, sich durch Aggression beweisen zu müssen. Sie möchten eine andere Welt, eine sanftere Welt, ein harmonisches Miteinander, das weniger anstrengend ist als sich ständig gegen die Aggressionen der andern zur Wehr zu setzen. Und gerade die aggressiven Menschen sehnen sich insgeheim danach, milder zu werden, sich einfach einmal fallen zu lassen, geliebt zu werden, gesehen und geschätzt zu werden.

In die aggressive Grundstimmung unserer Welt hält Jesus die Seligpreisung der Milden und Sanftmütigen, der Gewaltlosen und Freundlichen. Und dieses Wort Jesu vom Berg herab hat eine Macht, die größer ist als die laute Aggressivität. Nach außen hin scheint das milde Wort Jesu ungehört zu verhallen. Und doch steckt darin ein Stachel, der die Aggressivität in Frage stellt und mitten in der harten Welt eine Ahnung von Sanftheit und Milde verbreitet.

Allein die Tatsache, dass Jesus diese Worte ausgesprochen hat, dass er den Mut hatte, in einer Welt, die durch die römische Machtpolitik ähnlich hart war wie die unsere, von der Milde zu sprechen, hat diese Welt verändert. Sie kann diese Worte nicht mehr ungehört überspringen. Wenn sie ausgesprochen werden, dann kommen die Menschen mit ihrer Sehnsucht nach einer anderen freundlicheren Welt in Berührung.

Das griechische Wort *prays*, das hier mit „freundlich" übersetzt wird, hat viele Nuancen. Daher kann man es mit einem einzigen deutschen Wort gar nicht ganz wiedergeben. Manche übersetzen: „Selig, die keine Gewalt anwenden", andere: „Selig die Sanftmütigen oder die Milden" oder „Selig die Demütigen". Keine Übersetzung trifft allein den Gehalt von *prays*. Und dennoch sagen alle deutschen Worte etwas von der Haltung aus, die Jesus als Bedingung für ein gelingendes Leben versteht. Gregor von Nyssa gibt eine eigenartige Erklärung von Sanftmut. Er spricht von der Schwere und Schwerfälligkeit, die in der Sanftmut liegt. Sanftmut lässt sich von den Triebkräften, von Zorn oder Eifersucht, nicht hinreißen. Sie bleibt auf dem Boden. Gregor meint, der Mensch könne nie frei oder unempfindlich gegenüber den Leidenschaften sein. „Denn es ist unmöglich, sich in einem sinnlichen Leben vollkommen über Leidenschaft und Sinnlichkeit zu erheben." (Ebd 169) Jesus preist nicht die Unempfindlichen glücklich. „Selig sind also jene, die den leidenschaftlichen Regungen der Seele nicht schnell nachgeben, sondern durch Mäßigung die Ruhe im Innern bewahren, jene, bei denen die Vernunft wie ein Zügel die Triebe im Zaume hält und die Seele nicht zur Ausschreitung durchgehen lässt." (Ebd 170) Hier wird deutlich, dass Sanftmut eine Tugend ist, die erworben werden muss. Doch wie können wir diese Haltung und Tugend einüben und so einen Weg zum Glück finden?

Gewalt richtet sich nicht nur nach außen. Ich kenne viele unglückliche Menschen, die gegen sich selbst wüten. Sie wenden ständig Gewalt gegen sich selbst an. Auch Frömmigkeit ist oft nicht frei davon. Oft verwechseln gerade Menschen, die sich besonders fromm und tugendhaft dünken, die christliche Askese mit Abtötung. Sie nehmen keine Rücksicht auf ihre psychische Struktur, ihre seelische Wahrheit. Sie pressen sich in ein Bild, das ihnen nicht angemessen ist. So verletzen sie sich selbst und tun sich Gewalt an. Ihre Härte sich selbst gegenüber zeigt sich dann oft auch in einem harten Urteil andern gegenüber und in einem aggressiven Verhalten nach außen. Diese Härte verhindert Leben. Die Harten und Verhärteten funktionieren nur noch. Aber sie leben nicht wirklich. Sie sind abgeschnitten von der Milde ihres Herzens.

Die Gewalt sich selbst gegenüber kann sich in Selbstentwertung oder Selbstverurteilung ausdrücken, oder aber auch in Selbstbestrafung und Selbstzerfleischung durch Schuldgefühle. Der Psychologe Peter Schellenbaum spricht von „Selbstzerstörung". Die Tendenz der Selbstzerstörung ist bei vielen Menschen weit verbreitet. Bei einem drückt sich die Selbstzerstörung aus, indem er sich ständig verurteilt. Das Gewissen ist ein harter Richter, der alles Tun negativ bewertet. Oft hat diese negative Reaktionsweise ihren Grund in frühkindlichen Erfahrungen von Triebbedürfnissen, die einem Angst gemacht haben, weil sie mit den Normen der Gesellschaft nicht übereinstimmten. Viele wollen dann die Triebe verdrängen, indem sie hart gegen sich selbst sind und alles in sich kontrollieren. Oder aber sie sind grausam in ihrem Urteil über sich selbst. Doch die Grausamkeit bessert sie nicht, sondern stabilisiert nur den Zustand, den sie ablehnen. Denn wenn sie ihre Schwächen hart verurteilen, schwächt sie das. Und so fallen sie immer wieder in den gleichen Fehler. Weil sie sich abschätzig bewerten, verlieren sie ihren eigenen Wert und ihre Würde. Was ich bei mir abwerte, das bleibt an mir hängen. Nur wenn ich es liebevoll anschaue, kann es sich wandeln.

Eine andere Weise der Selbstzerstörung ist, die Schuld für alles und jedes bei sich selbst zu suchen. Wenn etwas in der Umgebung falsch läuft, fühlen sich manche sofort schuldig. Sie meinen, sie seien schuld an der negativen Stimmung ihres Nachbarn, am harten Blick des Kollegen. Sie wissen nicht, was sie verkehrt gemacht haben. Aber instinktiv nehmen sie immer die Schuld auf sich und werden immer unsicherer. Sie zerfleischen sich mit Schuldgefühlen auch dort, wo keine Schuld vorhanden ist. Manchmal frage ich mich, warum sich manche mit solchen Schuldgefühlen plagen. Oft ist es ein Ausweichen gegenüber einer Situation in der Kindheit, die für sie beschämend war. Doch durch diese Selbstbeschuldigungen fixieren sie sich so auf das Negative in ihrer Seele, dass die positiven Kräfte sich gar nicht entfalten können.

Der Höhepunkt dieser inneren Grausamkeit wird in den Zwängen sichtbar, unter denen heute immer mehr Menschen leiden. Immer wieder höre ich von solchen leidvollen Geschichten: Ein Mann braucht über eine Stunde, um aus dem Haus zu gehen. Er muss erst alle Türen kontrollieren, dann alle Steckdosen und Stecker, dann den Herd oder eventuell noch brennende Kerzen. Auch wenn er rational weiß, dass er alles bedacht hat, muss er immer wieder den Kontrollgang machen. Die Zwänge sollen seine tief sitzende Angst beruhigen. Meistens hat die Angst nichts mit dem zu tun, was man durch den Zwang vermeiden möchte: etwa dass das Haus abbrennt. Im Zwang versucht der Mensch, etwas in sich in den Griff zu bekommen, was ihm und seinen Maßstäben fremd erscheint. Weil er sich selbst nicht annehmen kann, weil er sich in ein enges Korsett zwängt, daher muss er mit Gewalt vieles in sich bekämpfen. Doch das engt ihn immer mehr ein.

Gegen diese negative Tendenz sich selbst gegenüber fordert uns Jesus auf, milde und freundlich mit uns umzugehen. Das ist kein billiger Trick. Vielmehr verlangt Jesus erst einmal einen Perspektivenwechsel, einen anderen Blick auf mich selbst. Statt mich zu verurteilen, versuche ich, mir zu erlauben, dass ich so bin, wie ich bin. Mit dem, was ich mir erlaube, kann ich auch liebevoller umgehen. Ich verzichte darauf, mich in ein enges Korsett hinein zu zwängen. Ich darf so sein, wie ich bin. Nur mit dem, was ich in mir freundlich anschaue, kann ich gut umgehen. Und je besser ich mit mir umgehe, desto mehr wird sich in mir Frieden verbreiten. Der Friede ist das Klima, in dem die guten Seiten in mir gedeihen können. Die Worte Jesu fordern mich heraus, die Milde, die ich in mir erfahre, auch nach außen weiter zu geben. Mitten in dieser aggressiven Welt verändere ich das Klima, wenn ich freundlich auf die Menschen zugehe. Manche meinen, in der harten Arbeitswelt hätte die Milde keine Chance. Die Lebenserfahrung zeigt jedoch das Gegenteil. Die Milde kann positive Auswirkungen auf die Härte der Kollegen haben. Wer sich weiter hinter seiner harten Fassade verschanzt, kann es ruhig tun. Aber ich gebe ihm keine Macht. Ich traue der Macht der Milde. Sie ist wie Wasser, das den harten Stein aufweicht. „Steter Tropfen höhlt den Stein" weiß schon das Sprichwort.

Viele meinen, sie würden nicht gewaltsam mit sich umgehen. Sie würden sich selbst gut behandeln. Doch wenn wir genauer hinschauen, so entdecken wir hinter scheinbar ganz normalen und eingeschliffenen Verhaltensweisen viele Facetten eines gewaltsamen Umgangs mit sich selbst. Manche Menschen gehen hart mich sich ins Gericht, indem sie sich nichts gönnen. Sie gönnen sich keine freie Zeit. Sie stehen unter dem Druck, immer etwas leisten zu müssen. Andere haben Angst davor, sich ein gutes Essen zu gönnen. Sie haben ein schlechtes Gewissen, wenn sie für sich selbst sorgen. Sie müssten doch noch mehr die andern lieben. Das würde doch Jesus befehlen. Doch sie merken gar nicht, wie sie die Worte Jesu einseitig auslegen, immer im Sinn der Gewalt gegen sich selbst. Sie tun sich Gewalt an, indem sie sich bestrafen, wenn sie irgend etwas getan haben, was vor ihrem Gewissen nicht bestehen kann. Diese Härte gegen sich selbst äußert sich oft auch in einem harten Urteilen über andere. Solche Menschen sind nie zufrieden mit sich und mit andern. Sie sind nie im Einklang mit sich selbst. Jesus zeigt uns in der dritten Seligpreisung einen Weg, wie wir besser mit uns umgehen und wie wir zum Frieden mit uns selbst, wie wir zu einem gelingenden Leben gelangen können.

Wenn wir das Wort *prays* mit „Sanftmut" übersetzen, dann findet der zum Glück, der den Mut hat, alles in sich zu sammeln. Sanft kommt ja von sammeln. Der Sanftmütige ist mutig genug, alles in sich zuzulassen. Viele geraten in einen inneren Zwiespalt, weil sie vieles in sich am liebsten ausradieren wollen. Sie wollen manches in ihrer Lebensgeschichte ungeschehen machen. Sie verleugnen Taten, die sie vollbracht oder unterlassen haben, Seiten, die sich an ihnen zeigen. Der Sanftmütige sammelt das alles. Es gehört zu ihm. Er schließt nichts in sich aus. Das bedeutet nicht, dass er allem in sich Raum gibt. Aber er erkennt an, was er in sich vorfindet. Er hat den Mut, es anzunehmen und sich damit auszusöhnen. Das ist die Voraussetzung, dass er in Einklang kommt mit sich selbst und so erahnt, was Glück bedeuten kann.

Wenn wir *prays* mit „Milde" oder „Freundlichkeit" übersetzen, dann wäre der Weg zum Glück über den freundlichen Blick auf alles, was in uns ist. Wir gehen milde mit uns um. Mild kommt von „mahlen". Das Gemahlene ist weich geworden. Milde verbinden wir mit Weisheit und Alter. Alte Menschen strahlen oft eine Milde aus, so wie der Herbst am Abend ein mildes Licht über alles wirft. Die Milde verurteilt nicht. Sie lässt gelten. Alles darf sein. Und sie geht gut mit allem um, was ist. Wenn wir einen milden Blick auf alles werfen, was in uns ist, dann erscheint uns die eigene Wirklichkeit annehmbarer. Dann spüren wir: es ist gut so, wie es ist. Wir arbeiten an uns. Aber wir verzichten darauf, perfekt zu werden. Weil wir die eigene Seele freundlich anschauen, kann sie sich auch entwickeln. Unter einem unfreundlichen Blick verschließen wir uns. Wenn wir uns selbst unfreundlich betrachten, werden sich viele Bereiche unserer Seele verschließen. Und unser Leben wird immer mehr reduziert.

Das Glück, das aus der Tugend der Freundlichkeit und Sanftmut hervorgeht, beschreibt Matthäus mit den Worten: „denn sie werden die Erde erben, denn sie werden das Land besitzen". Wenn ich gegen mich wüte, werde ich immer innerlich zerrissen sein. Wenn ich dagegen milde und freundlich mit mir umgehe, so gehört alles, was ich in mir wahrnehme, mir selbst. Mein Horizont wird also weiter. Mein Land gehört mir. Es weitet sich. Ich erbe die Erde, d.h. ich habe genügend Boden unter den Füßen. Ich lebe nicht zwiespältig. Wer hohen Idealen nachläuft, aber das, was diesen Idealen in ihm widerspricht, verleugnet, der gerät in einen inneren Zwiespalt. Er gehört sich selbst nicht. Wir gehören nur dann uns selbst, wenn wir freundlich mit dem umgehen, was in uns auftaucht.

Für das biblische Judentum war der Ausdruck „das Land ererben" ein geflügeltes Wort. Es galt ursprünglich den Kleinbauern und den Pächtern, die die Scholle, die sie bearbeiteten, auch besitzen sollten. Doch das Wort war auch ein Bild für Gottes ganz andere Welt, in der die Maßstäbe dieser Welt umgestürzt waren, für eine Welt, „in der die Ersten die Letzten und die Letzten die Ersten sein werden". (Lapide 70) Auch wenn die Milden und Sanftmütigen in unserer Welt oft nichts besitzen und kein Land erben, so leben sie doch in einem ganz anderen Land, in einem Land, in dem Gottes Gesetze gelten, die unsere Maßstäbe außer Kraft setzen. Es ist das Land der Güte und Liebe. In diesem Land lässt es sich besser wohnen als in dem Land, in dem die Gesetze von Erfolg und Besitz gelten. Auch wenn manche meinen, die Freundlichen und Sanftmütigen würden in unserer aggressiven Welt nichts „erben", so glaube ich doch, dass ihnen das Land gehören wird. Wenn sie an ihrer Milde auch im Umgang mit den Menschen festhalten, werden sie das Land gestalten. Auf dem Acker dieser Welt wird ihre Milde irgendwann aufgehen und zwischen den vielen Steinen Früchte hervorbringen.

Alexander Solschenizyn hat diese Umkehrung aller Maßstäbe, die in der dritten Seligpreisung aufleuchtet, auf wunderbare Weise in seiner kleinen Erzählung „Matrjonas Hof" ausgedrückt. Da beschreibt er die von vielen verachtete Matrjona als ein Urbild der milden und sanftmütigen Frau. Bei dieser armen Frau, die von ihrem Mann verlassen worden ist, hat sich der Erzähler einquartiert und nimmt wahr, wie voller Güte diese arme Frau ist, wie sie nie über andere redet und urteilt. Ihre gute Stube hat sie ihrer Pflegetochter Kira vermacht. Doch ein Verwandter von ihr will die Stube schon vor Matrjonas Tod dorthin transportieren, wo Kira ein Grundstück für sich erworben hatte. Matrjona willigt nach einigen Bedenken ein und hilft den Bauern sogar noch dabei, die Stube zu dem neuen Ort zu schaffen. Dabei wird sie von einem Zug erfasst. Bei der Beerdigung wird klar, welch gütige Frau diese arme, von vielen verlachte Matrjona gewesen ist. Solschenizyn schließt seine Erzählung: „Unverstanden, allein gelassen sogar von ihrem Mann, hatte sie sechs Kinder begraben, ihr hilfsbereites Wesen aber nicht eingebüßt; ihren Schwestern und Schwägerinnen fremd, eine lächerliche Person, die dumm genug war, für andere ohne Entgelt zu arbeiten, hatte sie sich am Ende ihres Lebens keinen Besitz erspart. Eine schmutzigweiße Ziege, eine lahme Katze, Gummibäume … Wir alle haben neben ihr gelebt und nicht begriffen, dass sie jene Gerechte war, ohne die, wie das Sprichwort sagt, kein Dorf bestehen kann. Und keine Stadt. Und nicht unser ganzes Land." (Solschenizyn 1979, 102) Sie hat in ihrer Milde etwas ausgestrahlt, was allen Menschen gut tat, auch wenn es viele nicht verstanden haben. Im Tod hat sie für immer das Land geerbt, das Jesus den Sanftmütigen verheißen hat. Und sie hat mit ihrer Milde um sich herum eine Welt erschaffen, in der es die, die ihr Wesen erkannten, trotz äußerer Bedrückung aushalten konnten.

Glücklich sind die, die nach
Gerechtigkeit hungern und dürsten,
denn sie werden gesättigt werden

Wenn man wirtschaftliche Indikatoren über die globale Entwicklung liest und erfährt, dass das Durchschnittseinkommen in den 20 reichsten Ländern der Erde gegenüber den 20 ärmsten Ländern 37 mal höher ist und sich der Abstand in den letzten vierzig Jahren verdoppelt hat, dass unter den 100 größten Wirtschaftseinheiten der Welt 52 Konzerne, aber nur 48 Staaten sind, dann muss man zu dem Eindruck kommen: In der politischen Debatte wird heute über die ungerechte Güterverteilung in der Welt zu Recht diskutiert. In dieser Debatte wird betont: Die Armen haben keine wirkliche Chance, ihr Leben selbst in die Hand zu nehmen. Sie sind benachteiligt bei der Bildung. Es gibt keine Chancengerechtigkeit. Die Ungerechtigkeit in der Wahrnehmung von Lebensmöglichkeiten führt zur Flucht in die reichen Länder. Die Bilder der Flüchtlinge, die in überfüllten Booten an den Küsten Europas ankommen und Todesgefahren auf sich nehmen, weil sie sich ein anderes, besseres Leben wünschen, – und oft genug auch tatsächlich mit ihrem Leben dafür bezahlen – haben sich in unsere Seelen eingebrannt. Hier in Europa erhoffen sich unzählige Afrikaner bessere Chancen für ihr Leben. Oft genug finden sie, wenn sie überhaupt lebend ankommen, nur Diskriminierung. Dabei handelt es sich keineswegs nur um individuelle Schicksale. Ungerechtigkeit führt letztlich immer wieder zu Kriegen. Sie steht hinter Wirtschaftskatastrophen. Sie verursacht tiefgreifendes Leid.

Der Ruf nach Gerechtigkeit wirkt sich aber auch unter weniger dramatischen Umständen aus. Hierzulande beobachten wir eine immer stärkere Verrechtlichung des Lebens. Alles wird reglementiert. Überall werden Gesetze aufgestellt. Die Juristen bestimmen mehr und mehr das Zusammenleben. Pascal Bruckner spricht von der Viktimisierung als gesellschaftlicher Tendenz. Viele fühlen sich als Opfer und versuchen, nun ihr Recht einzuklagen. Man vermag nicht mehr in Frieden miteinander auszukommen. Es gilt nicht mehr Treue und Glaube, sondern nur noch die rechtliche Absicherung. Und wo ein Fehler vorkommt, müssen Schuldige gefunden werden. Es kann ja nie sein, dass ich meine eigene Schuld zugebe. Diese zunehmende Verrechtlichung lässt die Welt immer kälter werden. Sie ist nicht das, was Menschen sich unter einem gerechten Leben erhoffen.

Im privaten Bereich scheinen viele das Gespür für Recht und Unrecht verloren zu haben. Sie übertreten die Rechte anderer und nehmen sich das, was sie brauchen, ohne jedes Unrechtsbewusstsein. Manager bedienen sich am Vermögen der Firmen und fordern gleichzeitig die Mitarbeiter auf, Lohnverzicht zu akzeptieren. Wenn wir manche Gerichtsurteile lesen, haben wir nicht den Eindruck, dass da Recht gesprochen wird, sondern dass im Gegenteil dem Stärkeren Recht gegeben wird. Große Firmen haben ihre Rechtsabteilung und treiben kleinere Handwerksunternehmen mit ihren Verweigerungen, Anklagen und Prozessen in den Ruin. Viele sehen die Ungerechtigkeit und fühlen sich ohnmächtig, den Schwachen Recht zu schaffen.

In dieser ungerechten Welt sehnen sich die Menschen nach wahrer Gerechtigkeit, nach einer Welt, in der gerechte Verteilung der Güter und Chancen herrscht, in der man jedem Menschen gerecht wird, den Armen genauso wie den Reichen, den Starken genauso wie den Schwachen. Und sie sehnen sich danach, richtig, gerecht zu leben, sich selbst und den Menschen in der Umgebung gerecht zu werden. Es ist die Sehnsucht nach einem Leben, in der alles richtig geordnet ist, in der alles stimmt. Tief in den Menschen ist die Überzeugung: Nur wo Gerechtigkeit herrscht, kann Frieden aufblühen. Und nur wenn ich meinem Wesen gerecht werde, vermag ich richtig zu leben.

Diese Sehnsucht spricht Jesus an, wenn er die selig preist, die hungern und dürsten nach Gerechtigkeit. Schon in der Wortwahl weckt Jesus die Sehnsucht in unseren Herzen, den Hunger und Durst nach Gerechtigkeit. Jesus wagt es, in der hochbrisanten politischen Lage der damaligen Zeit, in der die mächtigen Römer das Recht bestimmten, den Hunger nach Gerechtigkeit anzusprechen. Das ist subversiv. Denn es stellt die Mächtigen in Frage, ob sie nicht doch das Recht verdrehen und es nur für sich beanspruchen. Gerechtigkeit hat eine universale Perspektive. Hunger und Durst nach Gerechtigkeit bezieht sich auf alle Menschen, auf eine gerechte Ordnung für alle, auf das richtige Leben, das Gott allen zugedacht hat.

Gerechtigkeit ist sowohl für Juden als auch für Griechen das Ziel des Lebens. Bei den Juden beinhaltet der Begriff der Gerechtigkeit das richtige und fromme Leben. Der Gerechte ist der, der nach Gottes Willen lebt, der den Menschen gerecht wird und sich und seinem Wesen. Matthäus schildert uns Josef, den Mann Mariens, als gerechten Menschen. Gerecht ist nicht der, der nur die Gebote erfüllt. Josef setzt sich über die Enge der Gebote hinweg und wird dem Menschen gerecht. Er verbindet Gerechtigkeit und Barmherzigkeit. Auf diese Weise erfüllt er das Ideal des gerechten Menschen, wie ihn die Bibel uns schildert.

Bei den Griechen hat Gerechtigkeit eine etwas andere Bedeutung. Da meint Gerechtigkeit den Inbegriff der Tugenden. Gerechtigkeit eröffnet den Kreis der vier Kardinaltugenden, die der wohl größte griechische Philosoph, Platon, entfaltet hat. Tugenden sind die Bedingung, dass das Leben taugt, dass es gelingt. Gerechtigkeit meint für Platon nicht in erster Linie, dass ich andern Menschen gerecht werde, sondern dass ich erst einmal mir selbst und meinem Wesen gerecht werde, dass ich richtig lebe, dass ich aufrecht zu mir selbst stehe. Die Gerechtigkeit sich selbst gegenüber hat auch mit dem richtigen Maß zu tun, das für mich stimmt. Gelingende Menschwerdung heißt für Matthäus, dass die Weisheit der griechischen Philosophie berücksichtigt und integriert wird. Im Hunger und Durst nach Gerechtigkeit spricht Jesus die Sehnsucht der Griechen nach den vier Kardinaltugenden an. Wer diese vier Tugenden – Gerechtigkeit, Tapferkeit, das rechte Maß und Klugheit – verwirklicht, dessen Leben taugt. Wer diese Werte lebt, dessen Leben wird wertvoll. Wer aus diesen Kraftquellen (*virtutes*) schöpft, dem wird die Energie nicht so leicht ausgehen. Der Christ will auch ein ganzer Mensch werden. Das haben die frühen Kirchenväter immer wieder betont, die gerade die biblische Botschaft mit den Aussagen der griechischen Philosophie verbunden haben. Clemens von Alexandrien kritisiert die Christen, die meinen, sie könnten sich allein mit der Bibel begnügen. Die Bibel versteht nur richtig, wer auch sonst gebildet ist. Und die Botschaft Jesu erfüllt nur der, der zuerst die Anweisungen der Philosophie berücksichtigt.

Gregor von Nyssa hat den griechischen Begriff der Gerechtigkeit vor Augen, wenn er sie als Zusammenfassung aller Tugenden versteht. Sie steht für alle vier Tugenden, auch für Klugheit, Tapferkeit und Mäßigung: „Denn es ist unmöglich, dass eine Seite der Tugend, losgetrennt von den übrigen, für sich allein schon als vollkommene Tugend bezeichnet werden kann." (Gregor 191) Die Kardinaltugenden sind die Voraussetzung für ein gelingendes Leben. Es sind Werte, die das Leben wertvoll machen. Und es sind Kraftquellen, aus denen der Mensch schöpfen kann. Wer nach der Gerechtigkeit hungert und dürstet, der wird beim Erlangen der Tugend schon Sättigung erfahren, aber „eine Sättigung, die durch die Befriedigung erst recht entzündet, nicht abgestumpft wird." (Gregor 193) Die Tugend ist nicht nur etwas Äußeres, das der Mensch erringt. Vielmehr gilt: „Wer nach der Tugend strebt, erwirbt das Gute als sicheren Besitz und kann das, was er erstrebt, in seinem eigenen Innern schauen." (Ebd 194) Die Tugenden der Gerechtigkeit, der Klugheit, Tapferkeit und Mäßigung bringen uns in Berührung mit dem eigenen Innern. Sie wecken das Potential in unserer Seele, das Gott uns geschenkt hat. Gregor meint in Übereinstimmung mit der griechischen Philosophie, dass die Tugenden uns in jedem Augenblick unseres Lebens mit Süßigkeit und Freude erfüllen.

Carl Friedrich von Weizsäcker, ein Kenner der griechischen Philosophie, wehrt sich dagegen, Gerechtigkeit rein juridisch auszulegen. Für ihn definiert Platon die Gerechtigkeit „als die Tugend, dass jeder das tut, was ihm in seinem Wesen als Mensch und in der diesem Wesen entsprechenden Rolle in der Gesellschaft zufällt zu tun." (Weizsäcker 73) Er selbst deutet die Gerechtigkeit als „die vollendete Geistesgegenwart. Wenn du ganz gegenwärtig bist, in dem, was du tust, das heißt, dass du das Deine tust, dass du das tust, was zu tun dir zufällt." (Ebd 73) Die Gerechtigkeit, die Jesus selig preist, meint also, dass wir ein Gespür haben für das, was gerade angemessen ist. Gerechtigkeit ist die Tugend, jedem Augenblick gerecht zu werden und jeweils das Richtige zu tun.

Meister Eckehart interpretiert in ähnlicher Weise den Hunger und Durst nach Gerechtigkeit. In seiner Predigt über die vierte Seligpreisung schreibt er: „So, wie Gott ohne Warum wirkt und kein Warum kennt, ganz in der gleichen Weise, wie Gott wirkt, so auch wirkt der Gerechte ohne Warum; und so wie das Leben um seiner selbst willen lebt und kein Warum sucht, um dessentwillen es lebe, so auch kennt der Gerechte kein Warum, um dessentwillen er etwas tun würde." (Eckehart 371) Der Gerechte sucht nicht seinen eigenen Willen. Er nimmt an, was Gott ihm zutraut: „Alles, was ihm Gott zuteilt, sei's Krankheit oder Armut oder was es auch sei, das hat er lieber als irgendetwas anderes, eben weil Gott es will. Darum schmeckt es ihm besser als irgend etwas anderes." (Ebd 372) Der Hunger nach Gerechtigkeit, nach der Erfüllung des Willens Gottes führt den Menschen zum Frieden mit dem, was ist. Wer jedoch seinen eigenen Willen sucht, der hat den Eindruck, ihm widerfahre ständig Unrecht: „Sie sind allwegs in Jammer und Unglückseligkeit; man tut ihnen immer wieder Unrecht, und sie haben allwegs Leid." (Ebd 372) So ist der Hunger nach Gerechtigkeit für Meister Eckehart der Weg zum Einverstandensein mit dem, was ist, und zu der Freiheit, das zu tun, was gerade angemessen ist.

Schon für Platon meint Gerechtigkeit nicht die Befolgung der Gesetze oder die gerechte Güterverteilung. Der erste Aspekt im Verständnis dieses Begriffs ist, dass wir uns selbst und unserem Wesen gerecht werden. Erst dann folgt, dass wir auch den andern Menschen gerecht werden und jedem das zuteilen, was er braucht. Jesus spricht davon, dass wir nach der Gerechtigkeit hungern und dürsten sollen. Hungern und dürsten meint das aktive Bemühen um die Gerechtigkeit. Der Mensch muss darum kämpfen, dass er immer das Richtige tut. Und vor allem braucht die soziale Gerechtigkeit meinen aktiven Einsatz. Da genügt es nicht, nur eine gerechte Gesinnung zu haben. Ohne diesen Kampf für die Gerechtigkeit wird es keinen Frieden geben. Der Kampf kann anstrengend werden. Aber er beglückt auch die, die sich mit ganzem Herzen der gerechten Sache verschreiben.

Ein moderner Mystiker ist für mich der ehemalige UN-Generalsekretär Dag Hammarskjöld. Sein Leben ist für mich ein Bild für den Hunger nach Gerechtigkeit. In seinem Tagebuch „Zeichen am Weg" schreibt er von sich: „Hunger ist meine Heimat im Land der Leidenschaften. Hunger nach Gemeinschaft, Hunger nach Gerechtigkeit – einer Gemeinschaft, durch Gerechtigkeit gebaut, und einer Gerechtigkeit, gewonnen durch Gemeinschaft. Nur Leben erfüllt des Lebens Forderung. Nur damit wird dieser Hunger gesättigt, dass sich durch Gestalten des Lebens mein

Wesen als eine Brücke zu anderen, als Stein im Gewölbe der Gerechtigkeit verwirklicht."

Dag Hammarskjöld hat das, was er hier schreibt, in seinem Leben verwirklicht. Er hat sich leidenschaftlich für die Gerechtigkeit unter den Menschen eingesetzt. Er hat gespürt, dass sein Einsatz nur dann Frucht bringt, wenn er seine eigenen Interessen hintanstellt. Und er hat erfahren, dass der mystische Weg für ihn die Voraussetzung ist für seinen Kampf für die Gerechtigkeit. Er schreibt selbst: „Wer durch ‚Gottes Vereinigung mit der Seele' verurteilt ist, Salz der Erde zu sein – weh ihm, wenn er sein Salz verscherzt." Der Generalsekretär der UNO hat seinen Einsatz für die Gerechtigkeit mit seinem Leben bezahlt. Er wurde 1961 ermordet. Der Flugzeugabsturz auf seiner Friedensmission im Kongo, durch den er umkam, stellte sich später als Attentat westlicher Geheimnisdienste heraus.

Das Glück, das Jesus denen verheißt, die sich um Gerechtigkeit mühen, besteht darin, dass sie gesättigt werden. Ihre Sehnsucht nach dem richtigen Leben wird erfüllt werden. Dabei wird die Sehnsucht nach Gerechtigkeit hier auf Erden nie absolut gestillt werden. Vielmehr dürfen die, die nach Gerechtigkeit streben, immer wieder erfahren, dass es gut so ist, dass es recht ist, wie sie leben und wie sie sich um das gelingende Leben mühen. Es ist keine Sattheit, die träge macht, sondern die zum Leben führt, zu einer inneren Zufriedenheit und letztlich zum Glück.

Gerade dieser Aspekt war Gregor von Nyssa sehr wichtig: „Diese Sättigung bewirkt aber, wie schon gesagt, keine Abnahme, sondern eine Steigerung des Verlangens, und das eine nimmt mit dem anderen in gleichem Verhältnis zu: auf die Begierde nach Tugend folgt die Besitzergreifung des Begehrten, und das erworbene Gut trägt unaufhörlich Freude in unsere Seele." (Gregor 194) Gregor hat verstanden, dass das Streben nach Gerechtigkeit den Menschen innerlich beglückt. Die Seligpreisung ist eine Einladung zum glücklichen Leben. Wer die Gerechtigkeit übt, der wird nicht erst im Jenseits satt werden. Er wird vielmehr schon mitten im Kampf um die Gerechtigkeit innerlich glücklich und zufrieden sein.

Glücklich sind die Barmherzigen,
denn sie werden Barmherzigkeit erlangen

Die moderne Gesellschaft und ihre Ökonomie stehen unter dem Zeichen des Marktes. Der Markt ist unbarmherzig. Nur der Stärkere kann sich durchsetzen. Die anderen bleiben auf der Strecke. Die Unbarmherzigkeit des Marktes scheint heute auch auf das gesellschaftliche Leben abzufärben. Der gnadenlose Wettkampf zwischen den Firmen setzt sich fort in einem unbarmherzigen Konkurrenzkampf innerhalb der Firmen. Da streben manche mit aller Macht nach oben und opfern ihr eigenes Leben der Karriere, aber auf dem Altar ihrer Karriere bringen sie auch Menschenopfer dar. Da werden andere kalt gestellt und zunichte gemacht. Alles soll nur dem eigenen Fortkommen und dem Fortschritt in der Ökonomie dienen. Menschen werden nach ihrem Marktwert und ihrer Kaufkraft gemessen oder danach, wie gut sie sich „verkaufen". Wer sich gut „verkaufen" kann, der ist etwas „wert". Doch die seelischen Kosten dieses Denkens steigen ins Unermessliche. Zurück bleiben seelische Krüppel, die kein Gespür mehr haben für sich und für die Menschen in ihrer Umgebung. Da zählen nur noch die Zahlen, nicht mehr der Mensch.

Zur Barmherzigkeit gehören Mitleid und Mitleiden. Das Dritte Reich verkündete des Slogan „Mitleid ist Schwäche". Und trotz aller Abwendung von der Ideologie des Dritten Reiches scheint dieser Slogan überlebt zu haben. Man merkt die grausame Haltung, die dahinter steckt, gar nicht mehr. Dieser Mangel an Kraft zum Mitleiden zeigt sich in unserem Umgang mit den Alten und Kranken. Auch sie werden nur noch nach finanziellen Gesichtspunkten beurteilt und behandelt. Leiden wird unzumutbar. Man muss es möglichst unauffällig entsorgen. Doch eine Welt ohne Mitleid wird immer brutaler. Der Mangel an Barmherzigkeit führt zur Verhärtung und zur Gewalt im Umgang miteinander. Unser Umgang miteinander scheint immer mehr auf die biologische Ebene des Darwinismus herab zu gleiten. Da kann sich nur der Stärkere durchsetzen. Die andern sterben aus. Wir beginnen schon im Kindergarten, um Kinder heranzuziehen, die möglichst leistungsfähig sind und sich im Konkurrenzkampf einer globalisierten Welt durchsetzen zu können. Auf die Psyche der Kinder wird kaum Rücksicht genommen. Alles wird unter finanziellem Gesichtspunkt gesehen. Die Entscheidungen der Politik und die Bewertungen der Menschen richten sich nur noch nach ökonomischer Rationalität.

In dieser kalten Welt wächst die Sehnsucht nach einer barmherzigeren Welt, nach einer Welt, in der wir nicht Opfer finanzieller Berechnungen werden, sondern in unserer menschlichen Würde geachtet werden. Wir sehnen uns nach Barmherzigkeit. Denn nur in einer barmherzigen Welt können wir ohne Angst leben, die nächsten zu werden, die als zu schwach aussortiert werden. Heinrich Böll, der sich durchaus kritisch mit der Kirche und dem Christentum auseinander gesetzt hat, hat ein Plädoyer für diese barmherzige Welt gehalten. Dass Jesus die Barmherzigkeit gepredigt und den Menschen erwiesen hat, dass er sich den

Schwachen und Armen zugewandt hat, das ist für Böll Grund genug, Christ zu bleiben. Denn das macht die Welt barmherziger, auch wenn die Kirche selbst diese Barmherzigkeit in ihrem Umgang mit den Menschen nicht immer durchgehalten hat.

Jesus hat mitten in der unbarmherzigen Welt römischer Gewalt an der Barmherzigkeit festgehalten. Und er hat die selig gepriesen, die barmherzig sind. Denn sie werden Barmherzigkeit erfahren. Er hat an den Sieg der Barmherzigkeit und des Mitleids geglaubt, obwohl nach außen hin alles für deren Niederlage spricht. Seine Worte klingen auch in unsere unbarmherzige Zeit hinein und halten in uns die Sehnsucht nach einer barmherzigen Welt wach. Sie mahnen uns, diese Sehnsucht niemals zu vergessen, auch wenn wir oft genug den Eindruck haben, dass wir härter werden müssen. Das Wort Jesu klingt in uns nach und schlägt eine Bresche in die Unbarmherzigkeit der Welt. In der Wärme der Worte Jesu und in seiner Art, wie er zu den Jüngern und zu uns spricht, wird seine Barmherzigkeit in unserem Herzen Wirklichkeit.

In der fünften Seligpreisung zeigt uns Jesus, dass unser Verhalten und unsere Selbstwahrnehmung zusammenhängen und sich gegenseitig bedingen. Wenn wir barmherzig sind, werden wir auch Barmherzigkeit erfahren. Barmherzigkeit können wir verschieden verstehen, je nach den Worten, die das Hebräische und Griechische dafür verwenden. Da gibt es im Hebräischen die Parallelität von *rahamin* und *rehem*, von Barmherzigkeit und Mutterschoß. Barmherzig ist der, der mütterlich mit sich selbst und mit andern umgeht. Heute sprechen wir in der Psychologie vom inneren Kind.

Jeder trägt in sich ein verletztes Kind, das zu kurz gekommen ist, das lächerlich gemacht worden ist, das man zu wenig beachtet hat in seiner Einmaligkeit und Einzigartigkeit. Barmherzigkeit heißt, dass ich das kleine verletzte Kind in mir liebevoll annehme und es gleichsam in meinem Mutterschoß trage, dass ich ein Herz für dieses arme und verwaiste, für dieses verlassene und verwundete Kind in mir habe und es liebevoll in meine Arme nehme. Dann kann der Schmerz des verletzten Kindes in mir gestillt werden. Und ich erfahre innere Sensibilität und Frieden. Ich wüte nicht gegen das verletzte Kind, das sich in manchen neurotischen Symptomen immer wieder zu Wort meldet oder das empfindlich reagiert, wenn es von neuem verletzt wird. Ich gehe liebevoll mit diesem hilfsbedürftigen Kind in mir um. Ich vertraue darauf, dass mein inneres Kind in meinem Mutterschoß und in Gottes Mutterschoß heranreift und zu dem werden kann, der es von Gott her sein soll.

Ein anderes Wort für Barmherzigkeit geht von den Eingeweiden aus. *Esplanchniste* bedeutet: jemand wurde in seinen Eingeweiden ergriffen. Die Eingeweide waren für die Griechen der Ort der verwundbaren Gefühle. Barmherzig geht der mit sich selbst um, der sich seinen eigenen verwundeten Gefühlen stellt und sich mit ihnen aussöhnt. Dann wird er auch fähig, andern gegenüber barmherzig zu sein, sich in seinem Innersten dem andern, der in Not ist, zu öffnen. Die Barmherzigkeit sich selbst und andern gegenüber wird zum wahren Leben. Der Unbarmherzige erstarrt und wird hart in seinem Herzen. Wir spüren, wenn ein Mensch kein Herz hat, wenn er herzlos ist. Der Barmherzige hat ein Herz für das Arme und Verwaiste, für das Verwundete und Verlassene in sich und in den Menschen.

Das macht ihn menschlich. Und diese Menschlichkeit ist das Ziel der Lebenskunst, in die Jesus uns im Matthäusevangelium einweisen möchte.

Ein anderes Wort für barmherzig ist *oiktirmon*. Es meint das Mitleid. Hier trifft sich Jesus in der Seligpreisung der Barmherzigkeit mit der Mitleidsethik, wie sie vor allem im Buddhismus verkündet und durch Schopenhauer wieder ins Christentum hineingetragen wurde. Mitleiden und Mitfühlen mit allem Bedrängten, Verletzten und Leidenden, das ist die höchste Form jeder Religiosität. So praktizieren es die Hindus und die Buddhisten. Und die Christen dürfen dem nicht nachstehen. Im Gegenteil. Jesus selbst hat in seinem Leben gezeigt, was Barmherzigkeit bedeutet und wie sie sich anfühlt im Reden und im Tun. In seiner Hochschätzung des Mitleids zeigt uns Jesus ein anderes Gottesbild, ein Bild, mit dem sich die Griechen schwer taten, die von der Leidunfähigkeit Gottes sprachen. Bernhard von Clairvaux hat diese philosophische Diskussion der Griechen aufgegriffen und darauf geantwortet: „Gott kann zwar nicht leiden, aber mitleiden. Er kann mitleiden, weil er lieben kann." (Ratzinger, Credo 110) Jesus verkündet nicht in erster Linie eine Ethik, sondern ein neues Gottesbild. Und dieses Gottesbild führt zu einem neuen Selbstbild und zu neuem Verhalten.

Gregor von Nyssa setzt die Barmherzigkeit der Hartherzigkeit entgegen. Der Hartherzige ist nicht nur in sich selbst verschlossen und so letztlich vom Leben ausgeschlossen. Er findet auch keinen Zugang zum andern Menschen. Der Barmherzige dagegen verbindet sich mit dem Bedürftigen und wird in seiner Stimmung so, wie es dem Leidenden gut tut. Barmherzigkeit entspringt der Nächstenliebe. „Wenn wir aber das Charakteristische der Barmherzigkeit hervorheben wollen, so können wir sie als einen hohen Grad der Liebe bestimmen, verbunden mit dem Gefühl des Mitempfindens." (Gregor 199) Doch wir sollen nicht nur leidenden Menschen gegenüber barmherzig sein, sondern auch uns selbst gegenüber. Wir sind die, die unter die Räuber gefallen sind, die ausgeplündert sind, die aus ihrer herrlichen inneren Wohnung vertrieben wurden und nun entfremdet durch die Welt irren. Manche kennen das Mitleid mit sich selbst nicht, weil sie den Jammer über ihre Entfremdung und Verhärtung gar nicht spüren: „Fast geht es uns hier wie denen, die der Wahnsinn aus dem rechten Geleise gebracht und denen das Übermaß des Unglückes auch noch das Gefühl für ihre Leiden geraubt hat." (Ebd 205) Barmherzigkeit macht uns wieder lebendig. Wer kein Gefühl mehr für sich hat, der ist letztlich krank. Das Mitleid mit unserer Krankheit macht uns gesund.

Zweimal hat Matthäus das Zitat aus dem Propheten Hosea angeführt: „Barmherzigkeit will ich, nicht Opfer." Jesus will nicht, dass wir uns auf dem Altar unseres Rigorismus oder unseres Perfektionismus selbst zum Opfer bringen. Manche Menschen meinen, nur wenn sie sich selbst weh tun, würden sie Gott gefallen. Doch wir brauchen Gott nicht mit Opfern gnädig zu stimmen. Gott ist uns gegenüber barmherzig und gütig. Er hat uns längst seine Gnade erwiesen. Wenn wir seine Gnade verstehen und dankbar annehmen, dann ist die angemessene Reaktion Barmherzigkeit uns selbst und den Menschen gegenüber. Opfer steht für das gewaltsame Umgehen mit sich selbst, für die Selbstzerstörung, mit der manche Gott zu besänftigen suchen.

Tief in der menschlichen Seele sitzt die Angst, dass Gott es nicht gut mit mir meint. Diese Angst hängt mit einer pessimistischen Sicht meiner selbst zusammen. Letztlich meine ich es selbst nicht gut mit mir. Ich kann mich so, wie ich bin, nicht annehmen. Ich verurteile mich und möchte mich mit Gewalt in eine Form pressen, die nicht angemessen ist für mich. Gegen diese pessimistische Sicht seiner selbst und gegen das rigorose Gottesbild, das gnädig gestimmt werden muss, setzt Jesus auf die Barmherzigkeit.

Matthäus zitiert das Wort aus dem Propheten Hosea zum ersten Mal, als er die Berufung des Zöllners Matthäus durch Jesus und Jesu Mahl mit den Zöllnern und Sündern rechtfertigt. Als sich die Phariäser aufregen, dass er mit den Sündern isst und trinkt, antwortet er ihnen: „Nicht die Gesunden brauchen den Arzt, sondern die Kranken. Darum lernt, was es heißt: Barmherzigkeit will ich, nicht Opfer. Denn ich bin gekommen, um die Sünder zu rufen, nicht die Gerechten." (Mt 9,12f) Im Griechischen heißt es hier: „Geht und lernt!". Es ist die klassische Formel aus der palästinensischen Schulsprache. Jesus wirft den Pharisäern vor, dass sie die Worte der Propheten nicht richtig studiert haben. Sie haben ihre Hausaufgaben nicht gelernt. Wer sich in die Worte der Propheten vertieft, der wird spüren, dass es um Barmherzigkeit geht und nicht um Opfer. Jesus begründet mit diesem Wort seinen barmherzigen Umgang mit den Sündern. Er verurteilt sie nicht, er isst und trinkt mit ihnen, er nimmt die Gemeinschaft mit ihnen auf und ermöglicht ihnen somit einen neuen Anfang. Das können wir auch als Bild für unser Verhalten uns selbst gegenüber nehmen. Wir sollen uns selbst nicht verurteilen, wenn wir uns als Sünder fühlen, als Menschen, die ihr Leben verfehlen und sich in der Sünde von ihrem eigentlichen Kern und von Gott abgesondert haben. Wir sollen die Gemeinschaft mit diesem inneren Menschen aufnehmen, der sich verirrt hat, der an sich selbst vorbei gelebt hat. Wenn wir mit ihm essen und trinken, dann kann er sich wandeln.

An der zweiten Stelle, an der Jesus das Hoseawort zitiert, geht es um das Verhalten der Jünger. Die Jünger halten sich nicht an die Vorschriften des Sabbatgebotes. Als sie am Sabbat durch die Kornfelder gehen und Hunger haben, reißen sie Ähren ab und essen davon. Die Pharisäer stellen Jesus zur Rede: „Sieh her, deine Jünger tun etwas, das am Sabbat verboten ist." (Mt 12,2) Jesus antwortet, indem er auf das Beispiel des David verweist. Als David Hunger hatte, ging er gemeinsam mit seinen Gefährten in das Haus Gottes und aß die Schaubrote, die eigentlich nur die Priester essen durften. Wenn schon David das Gesetz übertreten hatte wegen seines Hungers, um wie viel mehr darf es dann Jesus mit seinen Jüngern. Jesus schließt er seine Verteidigungsrede mit dem Wort: „Wenn ihr begriffen hättet, was das heißt: Barmherzigkeit will ich, nicht Opfer, dann hättet ihr nicht Unschuldige verurteilt." (Mt 12,7) Barmherzigkeit heißt für Jesus, dass wir frei werden von allem rigorosen Befolgen der Gesetze. Die Gebote haben einen Sinn. Aber wir dürfen sie nie absolut setzen. Wir dürfen uns nicht selbst versklaven, indem wir die Normen höher setzen als das Wohl des Menschen. Barmherzigkeit heißt nach dieser Matthäusstelle auch, dass wir das Unschuldige in uns nicht verurteilen. Wir haben in uns oft einen inneren Richter, der selbst das, was unschuldig ist in uns, verurteilt. Er geht von Maßstäben des eigenen Ehrgeizes aus und hat kein Gespür für die Bedürfnisse unseres Leibes und unserer Seele. Oder aber der innere Richter ist bestimmt von den Geboten, die uns die Eltern übermittelt haben. Die Eltern haben sicher gemeint, mit dem Verweis auf die Gebote Gottes Willen zu erfüllen. Doch sie haben oft nicht gemerkt, wie sie ihre eigenen Wünsche in diese Gebote hinein projiziert haben. Und so hat sich in uns ein Über-Ich, ein innerer unbarmherziger Richter, entwickelt, der ständig hart urteilt über alle Regungen unseres Herzens. Jesus fordert uns auf, uns von diesem inneren Richter zu distanzieren. Oft meinen Menschen, Gott sei unbarmherzig. Doch in Wirklichkeit steckt der unbarmherzige Richter in uns selbst. Gottes Barmherzigkeit ermöglicht es uns, barmherziger mit uns umzugehen, wenn wir die inneren Normen, die wir von den Eltern her verinnerlicht haben und mit denen sich viele eigene und fremde Projektionen vermischt haben, nicht befolgen können. Die Psychologie erklärt die Projektionen oft mit Triebverdrängung. Weil uns die Triebe Angst machen, verdrängen wir sie. Diese Verdrängung vermischen wir dann mit den Geboten. Und wir können oft gar nicht mehr unterscheiden, ob das Gebot uns zum Segen werden möchte oder ob es uns versklavt. Da brauchen wir den barmherzigen Blick Jesu, um zu erkennen, wo uns Gebote einen Weg zum Leben weisen wollen und wo sie uns, absolut gesetzt, am Leben hindern.

Der englische Dichter Graham Greene hat die Menschen mit ihren Schwächen und Abgründen geschildert, ohne über sie zu urteilen. Für ihn ist die Grundhaltung, in der er über andere schreibt, immer die Barmherzigkeit. In seinem Roman „Das Herz aller Dinge" wird die Barmherzigkeit zum Thema. Major Scobie, ein Polizeioffizier in einer afrikanischen Kolonie, steht zwischen zwei Frauen. Als er diesen Zwiespalt nicht mehr aushält, nimmt er sich mit Schlaftabletten das Leben. Seine Frau ist entsetzt. Im Gespräch mit Pater Rank, der den Offizier gut gekannt hat, meint sie, er sei ein schlechter Katholik gewesen und es habe keinen Sinn, für ihn zu beten, weil er ja doch verdammt sei. „Da schlug der Priester das Tagebuch zu und rief zornig: ‚Ich bitte Sie, Mrs. Scobie, bilden Sie sich nur ja nicht ein, dass Sie – oder ich – etwas von Gottes Barmherzigkeit wissen.‘“ (Greene 432) Das Herz aller Dinge ist für Graham Greene die Barmherzigkeit Gottes. Major Scobie hat selbst etwas von dieser Barmherzigkeit den Menschen gegenüber gelebt. Er war dem Herzen Gottes näher als seine hartherzige Frau. Doch auch sie lernt schließlich von ihm und lässt zum Schluss alle Bitternis los.

Das Glück, das Jesus den Barmherzigen verheißt, besteht darin, dass sie selbst Barmherzigkeit erfahren. Wer mit sich selbst und mit andern barmherzig umgeht, der erfährt auch von Gott her Barmherzigkeit. Bei ihm wandelt sich das Gottesbild. Es ist nicht mehr der Gott, der kontrolliert oder mit Forderungen überfordert, sondern der barmherzige Gott, der Verständnis hat für uns und unsere Schwächen. Barmherzigkeit dürfen wir aber nicht mit Schwäche verwechseln. Der barmherzige Gott ist immer auch der gerechte Gott, der allmächtige Gott, der ganz andere Gott, der uns oft genug unverständlich erscheint. Aber bei all unserer Suche nach Gott dürfen wir immer daran festhalten, dass er letztlich ein barmherziger und gnädiger Gott ist.

Gregor von Nyssa deutet die Verheißung Jesu so, dass wir an Gott selbst Anteil haben, wenn wir barmherzig sind.

Denn die Bibel nennt Gott oft den Barmherzigen. Gott ist als der Barmherzige der, der hier eigentlich selig gepriesen wird. So folgert Gregor daraus, „dass der Barmherzige, auch wenn er nur Mensch ist, doch der göttlichen Glückseligkeit für würdig gilt, weil er in jene Eigenschaft eintrat, nach welcher Gott besonders genannt wird." (Gregor 197) Ja, Gregor meint sogar, dass der, der Jesu Einladung zur Barmherzigkeit folgt, in gewisser Weise zu Gott gemacht werde. Der griechisch denkende Evangelist Lukas hat Gottes Wesen mit Barmherzigkeit beschrieben. Er beschließt die Feldrede mit dem Wort: „Seid barmherzig, wie es auch euer Vater ist!" (Lk 6,36) Wer barmherzig ist, der hat verstanden, wer Gott ist. Und er hat Anteil an Gott. Er ist in Gott. Die Barmherzigkeit ist für uns Menschen der Weg zum Herzen Gottes und in das Innerste von Gottes Wesen. Jesu Seligpreisung der Barmherzigen ist also nicht nur ethisch zu verstehen, sondern auch mystisch als ein Weg in Gott hinein, als ein Weg, auf dem wir eins werden mit Gottes Wesen, das Barmherzigkeit ist.

Jesus sagt aber mit seiner Verheißung noch etwas anderes. Die Barmherzigen werden selbst Barmherzigkeit erfahren. Sie werden sich selbst auf neue Weise erleben. Auf der einen Seite sollen wir Barmherzigkeit üben. Auf der anderen Seite wird sie uns geschenkt. Wer sich auf den Weg macht, barmherzig mit sich und mit andern umzugehen, der erfährt auch sein eigenes Wesen als Barmherzigkeit, als Güte und Freundlichkeit und Milde. Er erkennt in sich eine Quelle von Barmherzigkeit, die nicht verurteilt. Er muss sich gar nicht mehr zwingen, barmherzig zu sein. Er erfährt in sich die Qualität von Barmherzigkeit. Und die verwandelt sein ganzes Leben, seine Selbstwahrnehmung

und die Wahrnehmung der andern. Der Raum der Barmherzigkeit, den er in sich und um sich herum erkennt, ist
ein Raum, in dem sich gut leben lässt. So ist die Barmherzigkeit ein Weg zum inneren Glück.

Glücklich sind die im Herzen Reinen,
denn sie werden Gott sehen

„Vertrauen ist gut, Kontrolle ist besser." Dieses Lenin zugeschriebene Motto, das Misstrauen zu einem sozialen Prinzip erklärt, ist uns heute in Fleisch und Blut übergegangen. Wenn heute ein Politiker oder ein Wirtschaftsführer etwas öffentlich sagt, so fragt man sofort, was seine Absicht ist. Man nimmt die Worte nicht, wie sie sind, sondern legt verborgene Absichten in sie hinein. Misstrauen ist angesagt und wird mit gesundem Realismus gleichgesetzt. Vielleicht möchte der Firmenchef ja nur den Börsenkurs nach oben reden oder mit seiner Information wirtschaftliche Vorteile erzielen. Diese Haltung des Misstrauens hat aber auch eine zweite Seite: So wie wir andere beurteilen, sehen wir auch uns selbst. Alles, was wir tun, ist von irgendwelchen Absichten bestimmt. Auch die Wissenschaft scheint die Skepsis eher zu verstärken. Wenn Biologen sagen, dass der Mensch in erster Linie auf Überleben ausgerichtet ist und genetisch so programmiert ist, dass er alles tut, um seine Gene zu optimieren oder wenn Kulturwissenschaftler die These vertreten, dass die Moral dazu dient, angeborene Mängel zu kaschieren, dann trägt das ebenfalls zu einem solch skeptischen Blick bei. Wir bekommen es ja auch täglich vor Augen geführt. Da ist alles Handeln zweckbestimmt, auf Vorteile aus. Alles, was nicht in unsere Weltsicht passt, was uns keinen Nutzen bringt, wird aus-

sortiert. Wir begegnen einander kaum einmal absichtslos.
Wir legen in die Art, wie wir Sitzungen führen, immer Nebenabsichten hinein. Keiner blickt durch, was wir eigentlich
wollen. Keiner hört auf die Worte, sondern sucht irgendetwas hinter den Worten.

Das Absichtsdenken bestimmt unsere Wahrnehmung. Und
es bestimmt unser Tun. Wenn wir jemandem helfen, wollen
wir gut dastehen und in der Öffentlichkeit für uns oder
unsere Firma punkten. „Tue Gutes und rede darüber", ist
zum weithin anerkannten Marketingprinzip geworden. Wir
schreiben Ökologie auf unsere Fahnen, um bessere Markt-
chancen zu bekommen. Viele fragen sich bei den großen
Worten, die Politiker und Wirtschaftler von sich geben, ob
sie das wirklich ehrlich meinen oder ob sie damit nur Eindruck machen möchten. Wir sind schon so von diesem
Absichtsdenken infiziert, dass wir kaum einem Menschen
mehr zutrauen, dass er das meint, was er sagt, und dass er
auch nach seinen Worten handelt, nicht weil er irgendwelche Nebenabsichten verfolgt, sondern weil er es für richtig
hält und weil er authentisch sein will.

In dieses Leiden an der Verzweckung alles Redens und Tuns
und an der Überlagerung unserer Wahrnehmung durch das
Absichtsdenken sehnen wir uns nach Offenheit und Zweck-
freiheit. In einer Welt, in der die Emotionen unser Denken
trüben, sehnen wir uns nach Klarheit und Lauterkeit der
Gesinnung, nach Menschen, die ein reines Herz haben, die
ohne Nebenabsichten das tun, was sie als richtig erkannt
haben, und das sagen, was ihnen als Wahrheit aufleuchtet,
ohne damit Eindruck zu machen oder andere in eine Richtung zu drängen. Wir sehnen uns nach Herzensreinheit.

Diese Sehnsucht hat Jesus in der sechsten Seligpreisung angesprochen. Er zeigt uns, dass es möglich ist, ein reines Herz zu haben. Er sieht sehr realistisch die Menschen, wie sie sind. Er hat am eigenen Leib die Abgründe der menschlichen Seele erfahren. Und trotzdem spricht er von der Reinheit des Herzens. Er lässt sich in seinem Glauben nicht beirren. Und indem er die Menschen glücklich preist, die ein reines Herz haben, geht er davon aus, dass es auch heute Menschen gibt, die so lauter sind. Und er lädt uns ein, unserer Sehnsucht nach Freiheit von allen Nebenabsichten zu trauen und unser Herz von allem zu reinigen, was es zu trüben sucht.

Die sechste Seligpreisung ist in der frühen Kirche besonders beliebt gewesen. Und es waren vor allem die Mystiker, die diese Seligpreisungen aufgegriffen haben. Denn die Gottesschau entspricht der tiefsten Sehnsucht des griechischen Menschen. Die Bedingung für die Gottesschau ist das reine Herz. Das reine Herz hat schon in der jüdischen Psalmenfrömmigkeit seine Bedeutung. So fragt der Psalmist in Psalm 24,3: „Wer darf hinaufziehn zum Berg des Herrn, wer darf stehn an seiner heiligen Stätte?" Und er gibt selbst die Antwort: „Der reine Hände hat und ein lauteres Herz, der nicht betrügt und keinen Meineid schwört. Er wird Segen empfangen vom Herrn und Heil von Gott, seinem Helfer." (Ps 24,4f) Das reine Herz äußert sich für den Psalmisten darin, dass er auch reine Hände hat, dass von seinen Händen kein Unrecht ausgeht, dass er mit seinen Händen niemanden verletzt und seine Hände nicht zur Faust ballt. Und das reine Herz äußert sich in Worten, die klar sind, aufrichtig und stimmig. Diesem reinen Herzen wird Segen und Heil verheißen. Von ihm geht etwas aus, das den Menschen gut tut, das ihn aber auch selbst mit Segen erfüllt. In Psalm 51 bittet der Beter: „Erschaffe mir, Gott, ein reines Herz und gib mir einen neuen, beständigen Geist!" (Ps 51,12) Der Beter weiß darum, dass unser Geist oft unbeständig ist, dass wir ihn uns von außen oft genug vernebeln lassen. Da bittet er um ein reines Herz und einen neuen Geist, der nicht mehr wankelmütig und unklar ist, sondern eindeutig. Wer so ein reines Herz hat, der erfährt Gott in einer neuen Weise: „Lauter Güte ist Gott für Israel, für alle Menschen mit reinem Herzen." (Ps 73,1)

Das reine Herz ist gerade für die Griechen eine wichtige Haltung. Ein reines Herz hat ein Mensch, der ohne Nebenabsichten ist. Wir machen allzu oft die Erfahrung, dass alles Gute, das wir tun, mit egoistischen Motiven durchmischt und getrübt ist. Auch unsere Liebe ist gemischt, manchmal mit Besitzansprüchen, manchmal mit aggressiven Emotionen, manchmal mit Verurteilung oder Beherrschenwollen. Wenn wir helfen, wollen wir vor andern oder vor uns selbst gut dastehen. Wenn wir beten, blicken wir auf die Zuschauer, vor denen wir uns als fromm geben. Wir sehnen uns nach dem reinen Herzen, nach einem Herzen, das nicht getrübt ist von negativen Emotionen, von verurteilenden Gedanken oder Gefühlen der Verachtung. Die frühen Mönche haben die Reinheit des Herzens (*puritas cordis* – Cassian) als Ziel der Askese gesehen. Wir können die Reinheit des Herzens erlangen, wenn wir mit den neun *logismoi*, mit den neun Leidenschaften der Seele oder mit den Gedanken und Emotionen in uns angemessen umgehen. Wir müssen sie erst kennenlernen, damit sie uns nicht unbewusst bestimmen. Das Kennenlernen ist die Voraussetzung für einen Umgang, in dem wir die Leidenschaften in unsere Beziehung zu Gott integrieren, ohne von ihnen beherrscht zu werden. Evagrius Ponticus, der griechische Autor des frühen Mönchtums, spricht nicht von Reinheit des Herzens, sondern von *apatheia*. Er meint damit die Freiheit von den Leidenschaften, das Nichtgebundensein an die Emotionen und Leidenschaften. Wer die apatheia erlangt hat, der darf die Gesundheit der Seele erleben. Er ist frei vom pathologischen Verhaftetsein an die *pathe*, an die Leidenschaften.

Das reine Herz ist das einfache, lautere, klare Herz. Jesus geht davon aus, dass wir diese Reinheit nicht einfach in uns haben. Es gibt zwar Menschen, bei denen uns von Kindheit an etwas Klares und Reines, etwas Lauteres und Echtes begegnet. Eine Begegnung mit solchen Menschen tut uns gut. Sie klärt in uns etwas auf. Aber es ist auch unsere Aufgabe, unsere Emotionen, die sich im Alltag unwillkürlich immer wieder mit den Emotionen unserer Umgebung vermischen, zu reinigen. Für Jesus ist das reine, das „einfache" Auge Kennzeichen eines reinen Herzens: „Dein Auge gibt dem Körper Licht. Wenn dein Auge einfach (rein) ist, dann wird auch dein ganzer Körper hell sein." (Lk 11,34) Jesus mahnt uns, unseren Leib von Licht durchstrahlen zu lassen und alle Finsternis aus uns zu vertreiben. Wenn wir einem Menschen begegnen, dessen Augen ohne Nebenabsichten leuchten, dann wird auch in uns etwas klar und lauter.

Ein reines Herz ist ein Herz, das nicht von Nebenabsichten bestimmt wird, sondern das meint, was es sagt. Rein ist das Herz, das andere nicht verurteilt, das frei ist von dem Mechanismus, seine eigenen verdrängten Bedürfnisse auf andere zu projizieren. Ich merke an mir selbst, wie schwer es oft ist, so ein reines Herz zu erlangen. Denn täglich erlebe ich, wie sich meine Emotionen mit den Emotionen meiner Umgebung mischen und mein Herz trüben. Ich übernehme unbewußt ihre Stimmungen und ihre Urteile und merke gar nicht, dass ich Worte der andern benütze und mich von der Meinung und Stimmung um mich herum beeinflussen lasse. Da spüre ich, wie wichtig es ist, meine Emotionen immer wieder zu reinigen. Ein wichtiger Ort ist für mich dabei die Meditation. Ich sitze still vor Gott und lasse meine Emotionen auftauchen. Aber ich halte sie Gott hin, damit sein Licht und seine Liebe mein Herz durchdringen und es von den Trübungen reinige. Und ich spreche das Jesusgebet in diese Emotionen hinein: „Herr Jesus Christus, Sohn Gottes, erbarme dich meiner!" Dann spüre ich, dass sich in mir etwas klärt.

Die jüdische Tradition hat die Reinigung als Auswandern aus Trübungen verstanden. Sie deutet den dreifachen Auszug Abrahams aus seiner Vaterstadt, seiner Heimat und seinem Mutterhaus als Auszug aus den Trübungen, die uns der Vater bereitet hat, aus den Trübungen, die uns die Mutter hinterlassen hat, und aus den Trübungen, mit denen wir selbst das klare und ursprüngliche Bild Gottes in uns verdunkelt haben. Reinheit des Herzens heißt also: ausziehen aus Trübungen durch die Lebensmuster unserer Vergangenheit, aus den Trübungen, die durch die Erwartungen und Projektionen unserer Umwelt entstehen.

Die Bibel hat uns in der Erzählung von der Verklärung Jesu Christi ein Bild des reinen Herzens geschenkt. Als Jesus auf dem Berg ist, verklärt sich sein Angesicht. Es wird weiß wie Schnee. Es ist nicht mehr getrübt durch irgendwelche verfälschenden Emotionen oder Gedanken. Und es ist auch nicht verstellt durch die Projektionen, die wir Menschen auf dieses Antlitz werfen. Bei Lukas heißt es, dass sich das Gesicht Jesu während des Betens verklärt. Für Lukas ist also das Beten ein Weg, das Trübe in mir zu klären. Im Gebet halte ich meine Wirklichkeit in das Licht Gottes, das alles Dunkle in mir erleuchtet. Bei Matthäus geschieht die Verklärung, indem Jesus die Jünger abseits von der Menge führt, dass er sie beiseite nimmt. Im Griechischen steht hier *kat'idian*. Man kann es übersetzen mit „in ihr eigenes Haus", „beiseite" oder auch: „zu sich selbst". Indem Jesus die Jünger zu sich selbst führt, in ihre eigene Mitte, in das innere Haus der Stille, ermöglicht er ihnen die Erfahrung von Klarheit und Verklärung. Da sehen sie auf einmal klar, wer dieser Jesus Christus ist. Und im Spiegel Jesu erkennen sie sich selbst.

Alexander Solschenizyn hat in seinem Buch „Krebsstation" einen Arzt beschrieben, der seine Arbeit für die Kranken nur leisten kann, wenn er sich immer wieder innerlich reinigt: „Er musste sich jetzt oft ausruhen. Nicht nur sein Körper brauchte die Ruhe, um Kräfte zu sammeln. Seit dem Tode seiner Frau verlangte sein Inneres danach, sich schweigend zu versenken, losgelöst von allen äußeren Geräuschen, Gesprächen, geschäftigen Gedanken, sogar von allem, was ihn zum Arzt machte. Sein Inneres verlangte danach, sich gewissermaßen zu reinigen, zu klären. Und das regungslose Schweigen mit seinen ungezwungenen, schwebenden Gedanken gab ihm Reinheit und Klarheit zurück. In solchen Augenblicken schien ihm der Sinn des Daseins – seiner eigenen langen Vergangenheit und kurzen Zukunft, seiner verstorbenen Frau, seiner jungen Enkelin, der Menschen überhaupt – nicht in dem zu liegen, womit sie sich hauptsächlich beschäftigen, wofür sie sich interessieren und wodurch sie berühmt werden, sondern nur darin, ob es ihnen gelänge, ungetrübt, unerschüttert und unentstellt das Bild der Ewigkeit in sich zu bewahren, das jedem mitgegeben ist. Wie das Bild des Mondes in einem ruhevollen Teich." (Solschenizyn 1968, 186) Für mich ist das eine wunderbare Beschreibung des Glückes, das wir erfahren, wenn wir uns von allem reinigen, was unser Denken und Fühlen trübt. Es ist gerade die Stille, die wir brauchen, um mit der inneren Reinheit und Klarheit in Berührung zu kommen. Dann relativiert sich alles andere. Wir hören auf, uns von nebensächlichen Werten zu definieren. Das größte Glück ist, authentisch zu sein, klar und lauter zu sein und mit dem ursprünglichen Glanz unserer Seele in Berührung zu sein.

Das Glück, das Jesus den Menschen mit reinem Herzen verheißt, ist die Schau Gottes. Daher haben vor allem die Mystiker diese Seligpreisung geliebt und geschätzt. Das Ziel des Menschen ist, Gott zu schauen, im Schauen mit Gott eins zu werden. Für manche klingt das sehr abstrakt. Aber die Mystiker verstanden ihren Weg immer auch als Weg zum gelingenden Leben und als Weg zum tiefsten Glück, das dem Menschen beschieden ist. Gott zu schauen entspricht der tiefsten Sehnsucht des Menschen. Wenn wir Gott schauen, vergessen wir uns selbst. Wir werden eins mit Gott und zugleich eins mit uns selbst. In der Einheit mit Gott werden wir uns selber bewusst, gelangen wir zu unserem ursprünglichen und unverfälschten Glanz. Wir erkennen, wer wir im Innersten sind. Wir fühlen uns im Licht, von Gottes Licht durchleuchtet. Das ist der Gipfel der Menschwerdung, das Höchste, was ein Mensch erstreben kann.

Gott schauen ist das Ziel unseres Lebens. In der Ewigkeit werden wir für immer Gott schauen. Doch die reinen Herzens sind, dürfen Gott schon hier schauen. Gregor von Nyssa betont in seiner Auslegung dieser Seligpreisung immer wieder, das der von allen Fehlern und Sünden gereinigte Mensch in seinem eigenen Innern Gott zu schauen vermag. Er ist überzeugt, „dass alle, die ihr Herz von allem Bösen und von jeder Leidenschaftlichkeit gereinigt haben, in ihrer eigenen Schönheit das Abbild des göttlichen Wesens sehen." (Gregor 214) Die Sünde hat unsere ursprüngliche Schönheit gleichsam mit hässlichen Decken überzogen. „Wenn du nun den Schmerz, der sich auf dein Herz gelagert, durch vorsichtigen Wandel wieder wegspülest, so wird dir deine schöne Gottesebenbildlichkeit aufleuchten." (Ebd 214) Der ein reines Herz erworben hat, sieht sein eigenes Wesen als Abbild Gottes. Und in diesem Abbild vermag er wie in einem Spiegel das Urbild zu sehen. Gregor spricht den an, der sich auf den Weg macht, sein Herz zu reinigen: „Wenn also dein Sinnen und Trachten jegliche Bosheit zurückweist, von aller Leidenschaftlichkeit sich frei bewahrt und jede Befleckung fernehält, so bist du selig zu nennen wegen deiner weitreichenden Sehkraft; denn du kannst das, was der Ungereinigte nicht erschauen kann, infolge deiner Reinigung sehen und es bietet sich dir, nachdem die dicke Finsternis von deinen Seelenaugen hinweggenommen ist, ein beseligender Anblick dar an dem klaren Himmel deines Herzens. Und was erblickst du da? Die Reinheit, die Heiligkeit, die Einfalt – alles herrliche Abstrahlungen des göttlichen Wesens, in denen also Gott selbst in denselben geschaut werden darf." (Ebd 215) Das größte Glück ist für die Griechen diese Schau Gottes im eigenen Herzen. Das reine Auge sieht Gott in den Tiefen der Seele.

Die transpersonale Psychologie hat heute neu erkannt, dass die Mystik zur Vollendung menschlichen Glücks gehört. Die Sehnsucht, mit Gott eins zu werden, ist ein gleich starkes Bedürfnis wie das Bedürfnis nach Sexualität. Nur wenn der Mensch im Schauen Gottes seiner selbst bewusst wird, sich selbst in Klarheit erkennt und zugleich in Gott hinein loslässt, findet er zu seiner höchsten Würde. Die Schau Gottes führt auch zur Schau des eigenen Wesens, zur wahren Erkenntnis seiner selbst. Das reine Herz hat sich von jeder Identifizierung mit irdischen Dingen befreit. So kommt der Mensch durch das reine Herz zu sich selbst, zu seinem spirituellen Selbst, von dem die transpersonale Psychologie spricht. Und nur wer mit diesem spirituellen Selbst in Berührung ist, ist wirklich geheilt. Er sucht die Heilung seiner Verletzungen nicht mehr außen. Er erwartet seine Gesundheit nicht mehr von der Zuwendung und Hilfe anderer Menschen. Er findet sie in sich selbst, wenn er durch die Reinheit ganz er selbst geworden ist.

Der russische Dichter Dostojewski hat in seinen Romanen zwei Menschen mit dieser inneren Reinheit gezeichnet. Da ist der kranke Fürst Myschkin im „Idiot". In dieser tragischen Gestalt, die ohne Nebenabsichten ist, beschreibt Dostojewski, wie in unserer Zeit ein in sich klarer Mensch nur in der Gestalt eines kranken und unverstandenen Menschen aufscheinen kann. Im „Idiot" tritt Christus selbst in die durcheinander geratene Welt voller Zwietracht und

Habgier. Heinrich Böll nennt den „Idiot" einen ungeheuren Roman, „der einzige Christus-Roman, den ich kenne". Der reine und klare Mensch ist für den russischen Dichter immer auch der „schöne Mensch". „In der ganzen Weltgeschichte gibt es nur ein vollendet schönes Antlitz, das ist Christus, und die Wiedergabe dieser unendlich schönen Gestalt wäre ein unendliches Wunder." (Maurina 207) Das Schöne an diesem kranken Fürsten ist, dass er nie über Christus spricht, dass er andere nicht belehren will. Er lebt einfach aus Christus und in Christus. Die am tiefsten in die Sünde versunkene Nastassia sagt zu ihm: „Leb wohl, Fürst, ich habe zum erstenmal einen Menschen gesehen." (Ebd 215) Wer so klar ist wie der Fürst Myschkin, in dem leuchtet Gottes Schönheit auf. Und in der göttlichen Schönheit erahnen wir etwas von dem Glück, das die erfahren, die reinen Herzens sind.

Die andere Lichtgestalt bei Dostojewski ist der junge Mönch Aljoscha in „Die Brüder Karamasow". Er ist in sich so lauter und klar, dass selbst die Nachtgestalten in ihm diese Klarheit erkennen. Sein ungläubiger Bruder Iwan nennt ihn Pater Seraphicus und die in sich zerrissene Gruschenka sagt zu ihm: „Du bist mein Gewissen." Als er sie seine Schwester nennt, sinkt sie vor ihm auf die Knie: „Ich habe das ganze Leben auf einen wie dich gewartet, ich ahnte, einer wird kommen und mir verzeihen. Ich glaubte, dass auch mich einer einmal lieben wird, mich, die Schändliche, und nicht meine Schande." Ein reiner Mensch wie Aljoscha spiegelt etwas von der Klarheit und Schönheit Gottes in dieser Welt wieder. „Schönheit wird die Welt retten" verkündet der Fürst Myschkin. Wenn ein Mensch so klar und lauter ist, dass Gottes Schönheit in ihm aufleuchtet, dann ist das heilsam nicht nur für ihn, sondern für die ganze Umgebung. Er schenkt auch den andern Anteil an seiner Schönheit und an seinem Glück. Dostojewski setzt die Schönheit der Nützlichkeit gegenüber. Wenn nur alles der Nützlichkeit unterworfen wird, wird der Mensch entwürdigt. Ohne Schönheit verfällt der Mensch in Schwermut. „Da Christus in sich und in seinem Wort das Ideal der Schönheit trug, beschloss er, es in die Seelen der Menschen zu verpflanzen, überzeugt, dass die Menschen mit diesem Ideal in der Seele untereinander Brüder werden." In der Seligpreisung derer, die reinen Herzens sind, will Jesus uns den Sinn für diese heilende und beglückende Schönheit in uns wecken, die oft genug verdunkelt worden ist durch Sünde oder Unbewusstheit. Für den, der reinen Herzen ist, leuchtet die göttliche Schönheit in seinem Herzen auf und er darf sich immer daran freuen.

Glücklich sind die Friedensstifter,
denn sie werden Gottessöhne heißen

Wenn heute in Umfragen die Sehnsüchte der Menschen abgefragt werden, dann steht die Sehnsucht nach Frieden immer an einer der obersten Stellen. Die Sehnsucht wird umso stärker, je weniger Frieden wir in uns und unter uns erfahren. Zwar dürfen wir in unserem Land dankbar sein, dass nach dem Zweiten Weltkrieg Frieden herrscht. Aber dieser Friede wird brüchig, sobald wir unseren Blick in die Welt richten. Da schauten wir hilflos zu, wie in Europa selbst, auf dem Balkan, die verschiedenen Völker sich bis aufs Blut bekriegten und auszurotten versuchten. Immer wieder flammen in Afrika und im Nahen Osten Kriege auf. Und wir leiden an den neuen Formen des Krieges, am Terrorismus, der auch friedliche Länder heimsucht. Die Bereitschaft zu Gewalt und Verurteilung anderer Kulturen und Religionen nimmt immer mehr zu. Das macht heute vielen Menschen Angst. Man spricht schon vom Kampf der Kulturen. Nicht mehr Länder führen Krieg, weil sie die fremden Bodenschätze oder Landstriche an sich reißen möchten. Vielmehr führen terroristische Gruppen Krieg gegen die gesamte Menschheit und vor allem gegen alle, die anderer Meinung sind als sie oder andere Interessen vertreten.

Die Friedensbewegung, die in den achtziger Jahren des letzten Jahrhunderts so sehr auf Abrüstung gesetzt hat, ist heute hilflos, wenn sie den neuen Formen kriegerischer Auseinandersetzung zusehen muss. Sie weiß nicht, wie sie darauf reagieren soll. Der Enthusiasmus, mit dem sie vor zwanzig Jahren um Versöhnung und Frieden geworben hat, ist verflogen. Die Angst vor endlosen Auseinandersetzungen und terroristischen Anschlägen wächst. Neue Kriege – um die Energieressourcen oder um die Lebensquelle Wasser – werden in den Schreckensszenarien der Zukunftsforscher als Menetekel an die Wand gemalt.

Aber es gibt nicht nur den Unfrieden zwischen den Völkern und Kulturen. Viele Menschen fühlen sich überfordert durch die vielen Konflikte, in die sie gestellt werden, die Konflikte am Arbeitsplatz, in der Gemeinde, in den Parteien, für die sie sich engagieren. Unversöhnlich stehen sich die verschiedenen Lager gegenüber. Und es ist die innere Zerrissenheit, an der viele leiden. Sie finden in sich keinen Frieden. Ruhelos hetzen sie von einem Event zum andern, um ihre innere Unruhe zu überdecken.

In dieser unversöhnten Welt sehnen sich die Menschen nach Frieden, nach versöhnenden Kräften. Sie halten Ausschau nach Menschen, die Versöhnung stiften zwischen den Völkern und Kulturen. Sie sehnen sich nach Menschen, die eine versöhnende Ausstrahlung haben, die es nicht nötig haben, ihre Identität vor allem durch Abgrenzung von andern und durch deren Entwertung zu finden. Wir sehnen uns nach Menschen, die im Frieden sind mit sich selbst, die daher im Gespräch sich selber nicht profilieren müssen, sondern etwas Versöhnendes ausstrahlen, die nicht bewerten oder verurteilen, deren Sprache in sich schon versöhnlich klingt.

Die Seligpreisung der Friedensstifter, derer, die Frieden machen, die ihn schöpferisch hervorbringen, spricht Jesus in unsere Sehnsucht hinein. Er hat sie auch damals schon in eine Welt hinein gesprochen, die voller Unfriede war. Palästina war besetzt von der römischen Macht. Die Zeloten versuchten, einen Partisanenkrieg gegen die Römer zu führen. Doch die militärische Macht war zu stark für sie. Der Hass auf die ungeliebte Besatzungsmacht wuchs. Augustus wurde zwar als Friedenskaiser von den Römern gepriesen. Doch die anderen Völker empfanden ihn nicht als Friedensbringer, sondern als einen, der mit militärischer Macht den andern Völkern seinen Frieden diktierte. Man sprach von Befriedung und verstand darunter, dass man alle feindlichen Mächte ausschaltete. Es war ein gewalttätiger Friede, ein aufgezwungener Friede. In diese Situation hinein preist Jesus die selig, die voller Phantasie und voller Poesie (so meint der Ausdruck *eirenopoioi*) Frieden schaffen in ihrem Herzen, in ihrer Umgebung und zwischen den Völkern.

Frieden stiften ist etwas Aktives. Es meint mehr als die Gesinnung der Friedfertigkeit. Martin Luther hatte die Friedensschaffer mit „friedfertig" übersetzt und damit einseitig auf die Gesinnung gesetzt. Friedenstiften bedeutet die aktive Bereitschaft, auf Menschen, die zerstritten sind, zuzugehen und sie miteinander zu versöhnen. Doch nach außen hin vermag nur der Frieden zu schaffen zwischen den Menschen, wer zuerst mit sich selbst in Frieden ist. Daher heißt es, zuerst einmal in sich selbst Frieden zu schaffen. Das gelingt nur, wenn ich mit all den Regungen meiner Seele ins Gespräch komme. Frieden schaffen geht immer über den Dialog, über das Sich-Auseinandersetzen mit dem Gegner. Auf der persönlichen Ebene bedeutet das, dass ich mit dem inneren Gegner Frieden schließe. Ich muss den inneren Gegner erst einmal befragen, was er eigentlich für Wünsche hat. Im Gespräch mit ihm wird mir vielleicht klar, dass seine Wünsche berechtigt sind und dass ich sie mit berücksichtigen muss, um im Frieden mit mir selbst leben zu können.

Jesus hat die Bereitschaft für den Frieden immer wieder von seinen Jüngern gefordert. In der Bergpredigt selbst fordert er seine Jünger auf: „Schließ ohne Zögern Frieden mit deinem Gegner, solange du mit ihm noch auf dem Weg zum Gericht bist." (Mt 5,25) Solange wir leben und noch auf dem Weg sind, sollen wir mit dem inneren Gegner Frieden schließen. Der innere Gegner kann ein neurotisches Lebensmuster sein, das kann die Angst sein, die Eifersucht, der Ärger, die Unruhe. Wenn wir den inneren Gegner nur bekämpfen, wird er uns – so sagt Jesus – vor den Richter bringen und der Richter wird uns dem Gerichtsdiener übergeben, der uns dann ins Gefängnis wirft. (Mt 5,25f) Das bedeutet: Wenn wir mit dem inneren Gegner keinen Frieden schließen, werden wir irgendwann so tief ins Gefängnis unserer neurotischen Lebensmuster, ins Gefängnis unserer Angst oder ins Gefängnis unserer Unzufriedenheit geraten, dass wir daraus nicht mehr herauskommen. Wir müssen Frieden schließen, solange wir noch auf dem Weg sind und noch nicht erstarrt in inneren Zwängen. Frieden schließen heißt, dem inneren Gegner Respekt zollen. Wenn wir mit ihm zu sprechen anfangen, dann wird er uns vielleicht sogar hilfreich zur Seite stehen. Er ist nur deshalb so wütend und feindlich, weil wir ihn bisher vernachlässigt haben. Er möchte integriert werden in unser Leben.

Im Lukasevangelium erzählt uns Jesus das Gleichnis von dem König, der mit zehntausend Mann in den Krieg zieht gegen einen anderen König, der ihm mit zwanzigtausend entgegen tritt. (Vgl. Lk 14,31f) Auch hier geht es darum, die vermeintlichen Gegner in uns, unsere Empfindlichkeit, unsere Disziplinlosigkeit, unsere Angst, unsere Depression, zu Freunden zu verwandeln. Das geschieht nur, indem wir mit den Feinden sprechen. Dann werden die Feinde zu Freunden. Und unser Land wird auf einmal größer sein als je zuvor. Statt zehntausend haben wir nun dreißigtausend Soldaten zur Verfügung. Wir werden stärker. Wir vergeuden unsere Energie nicht mehr damit, gegen andere zu kämpfen. Wir machen alles, was in uns ist, zu Freunden, die uns auf dem Weg zum erfüllten Leben unterstützen und begleiten. Dieser Weg, sich auszusöhnen mit allen Kräften, die wir in uns wahrnehmen, ist ein Weg der Heilung und Gesundung.

Gregor von Nyssa betont in seiner Auslegung der siebten Seligpreisung vor allem die therapeutische Dimension des Friedens: „In diesem kurzen Satz vollzieht das Gotteswort unsere Heilung von vielen Krankheiten." (Gregor 225) Und dann beschreibt er psychologisch sehr einfühlsam die Krankheit des Zornes und des Neides. Der Zorn – so schreibt er in Übereinstimmung mit der damaligen Medizin – lässt die schwarze Galle durch den ganzen Körper strömen und macht ihn auf diese Weise krank. Der Neid dagegen frisst sich in das Herz hinein. Wer vom Neid beherrscht wird, der verbirgt seine Krankheit oft unter einer freundlichen Maske. Aber wer genau hinsieht, erkennt in den starren Augen, in den zusammengezogenen Augenbrauen die innere Krankheit. Gregor nennt diese körperlichen Reaktionen, die der Neid im Menschen hervorruft, „Todesanzeichen". Jesus ist der Arzt, der uns von solchen seelischen Krankheiten befreit. So preist Gregor Jesus als den Arzt für die Seele: „Wenn schon der Arzt, der den Menschen von körperlichem Leid befreit, überaus geschätzt wird, um wieviel mehr muss dann derjenige, welcher die Seele aus so schlimmer Krankheit rettet, von allen Einsichtigen als wahrer Wohltäter des Lebens geachtet werden." (Gregor 227)

Jesus – so meint Gregor – preist nicht nur die selig, die zwischen den Menschen Frieden stiften und so mithelfen, ihre Krankheiten zu heilen, sondern auch die, „welche den im eigenen Innern tobenden Streit zwischen Fleisch und Geist und den mit unserer Natur gegebenen Zwiespalt zu friedlicher Ausgleichung führen". (Ebd 231) Wer den inneren Zwiespalt in sich ausgleicht, der erfährt in sich eine höhere Harmonie. Er wird eins mit sich. Auf diese Weise hat er teil an Gott, der ja auch einfach, gestaltlos, ohne Zusammensetzung ist. Wer mit sich in Einklang kommt, der wird wie Gott eins mit sich. Er gelangt zur wahren Einheit, „in welcher das Äußere mit dem Innern und das Innere mit dem Äußeren sich vollkommen deckt". (Ebd 231) Frieden definiert Gregor als liebevolle Übereinstimmung mit unseren Mitmenschen. Aber er versteht ihn auch als liebevolles Einswerden mit allem, was in uns ist. In dieser Einheit mit uns selbst haben wir teil an Gott. Da erfahren wir wahrhaftig, dass wir Söhne Gottes sind.

Nur wer mit sich im Einklang ist oder zumindest auf dem Weg dorthin ist, vermag auch zwischen anderen Menschen Frieden zu stiften. Jesus selbst hat sich als Friedensstifter verstanden. Und er verlangt von seinen Jüngern, dass sie die Versöhnung und den Frieden verkünden. Mit der rein äußeren Verkündigung ist jedoch nicht gedient. Es braucht das wirkmächtige Schaffen des Friedens. Das geschieht wiederum durch Gespräch, durch Zuhören, aber auch durch Ermahnen und Bitten. Dieses Friedenschaffen nach außen schlägt auch positiv wieder auf uns zurück. Wer sein Leben lang nur mit sich in Frieden kommen möchte, der kreist ständig um sich selbst und wird doch nicht glücklich. Zum Glück gehört es, dass ich von mir selbst absehe und mich für den Frieden zwischen den Menschen einsetze. Wenn es mir gelingt, dann bekommt mein Leben einen anderen Geschmack. Doch auch wenn meinen Friedensbemühungen kein Erfolg beschieden ist, bin ich doch mehr mit mir im Frieden, als wenn ich immer nur um mich gekreist wäre.

Es genügt heute nicht, nur im kleinen Kreis Frieden zu stiften. Der Friede will sich auf der ganzen Erde ausbreiten. Und so soll auch unser Friedenschaffen immer die ganze Erde berücksichtigen. Wir sollen nicht nur zwischen ein paar Menschen Frieden wecken, sondern so wirken, dass sich der Friede immer mehr auf der ganzen Erde ausbreitet. Das beginnt mit unseren Gedanken. Sind es wirklich Gedanken des Friedens oder mehr Gedanken der Macht? Unsere Gedanken drücken sich in unseren Worten aus. Wir können noch so sehr bewusst Frieden stiften wollen, wenn unsere Sprache verurteilend und verachtend ist, so werden wir nur Spaltung erzeugen. Wer in sich gespalten ist, um den herum spalten sich auch die Menschen. Daher braucht es immer den inneren Frieden, damit von uns Versöhnung ausgeht.

Der Christ Carl Friedrich von Weizsäcker und der Jude Pinchas Lapide sprechen in ihrem bereits mehrfach erwähnten Dialog über die Unterschiede zwischen dem jüdischen und griechischen Verständnis von Friede. *Schalom* meint für die Juden nicht nur den Frieden zwischen den Menschen, sondern „ein integrales Ganzsein", sowohl nach innen wie zu Gott und zum andern Menschen hin. *Schalom* bedeutet, dass alles gut ist, dass die Menschen in Freude und Dankbarkeit ihr Leben genießen und sich auch aneinander freuen. Lapide folgert aus seinen Überlegungen über *schalom*: „So sind also Wohl und Heil, Wohlbefinden, Wohlwollen und Seelenruhe, Wohlfahrt, Glück und Sozialharmonie die einander ergänzenden Bestandteile ein und desselben *schalom*, der so unteilbar ist wie die biblischen Bereiche von Politik, Gesellschaft, Natur und Theologie – alles Teile einer einzigen Weltordnung unter dem einen Gott." (Lapide 87)

Der griechische Ausdruck für Friede *eirene* meint dagegen die Harmonie, die entsteht, wenn die sich widerstreitenden Kräfte in der menschlichen Seele und zwischen den Menschen miteinander versöhnt werden. Friede ist zugleich Ruhe. In so einem Zustand der Ruhe und Harmonie vermag der Mensch gut zu leben. Je tiefer der Mensch in den inneren Raum der Ruhe eintritt, desto weniger stören die sich widerstreitenden Gedanken und Emotionen. Für die frühen Mönche, die dem griechischen Konzept von Frieden verpflichtet sind, ist daher die Kontemplation als Weg in den inneren Raum der Stille ein wichtiger Weg zum inneren Frieden. Das lateinische Wort für Frieden *pax* kommt von *pacisci* und das meint: Frieden durch Gespräch, durch Verhandlung und durch Vertrag. Frieden entsteht für die Römer, wenn sie die verschiedenen Interessen der Völker und Gruppen miteinander ausgleichen. Das geht nicht ohne Kompromisse. Alle drei Begriffe von Frieden ergänzen sich. Der Friede als *schalom* entsteht in uns und zwischen uns, wenn wir Gott in uns herrschen lassen, wenn wir Gott Raum geben. Gott ist der wahre Spender des Friedens. Friede als *eirene*, als innere Harmonie braucht den liebevollen Blick auf das Feindliche in uns und außerhalb von uns. Und es braucht den Weg der Kontemplation, durch die wir in den inneren Raum der Ruhe und der Liebe in uns vordringen. Es ist letztlich die Liebe, die streitende Menschen miteinander versöhnt und die den inneren Zwiespalt in uns überwindet. Und es braucht die *pax*, die Fähigkeit, mit den zerstrittenen Menschen und mit den verschiedenen Bereichen unserer Seele so ins Gespräch zu kommen, dass ein Interessenausgleich gefunden wird und alle damit gut leben können. Wenn ich die Feinde besiegen will, werde ich keinen Frieden schaffen. Der Besiegte will irgendwann selber zum Sieger werden. So wird er wieder aufstehen und weiter kämpfen. Nur wenn ein guter Ausgleich gefunden wird, werden alle in Frieden leben.

Das Glück, das den Friedenstiftern verheißen wird, ist die Gotteskindschaft. Die Frieden schaffen, werden Söhne Gottes genannt werden. Für von Weizsäcker ist es wichtig, dass hier „Söhne Gottes" steht. Er meint damit, dass die, die sich für den Frieden einsetzen, auf erwachsene Weise ihre Beziehung zu Gott leben. Sie sind nicht Kinder, die alles erwarten, sondern Söhne oder Töchter, die im Auftrag des Vaters in die Welt ziehen und überall den Frieden Gottes zu verbreiten suchen. Der Sohn oder die Tochter übernimmt Verantwortung für das, was er oder sie tut. Sie wissen sich vom Vater in die Welt gesandt, um in seinem Geist zu wirken. Sie haben die Aufgabe, Frieden zu schaffen, zu machen. Das griechische Wort *poiein* meint nicht nur das „Machen". Es steckt auch im Wort Poesie. Es ist ein schöpferischer Prozess, Frieden zu stiften. Es braucht Phantasie und Kreativität. Wer Frieden stiftet, hat teil an der Schöpferkraft Gottes, der alles gut gemacht hat.

Der Sohn Gottes hat teil an Gottes Wesen. Und er ist Gott besonders nahe. Gottes Sohn oder Tochter zu sein bedeutet: sich nicht von den Eltern allein definieren, sondern sich letztlich von Gott her verstehen. Ich habe in Gott meinen tiefsten Grund. Gott schenkt mir meine wahre Identität. Wenn ich im Frieden mit mir selbst bin und nach außen hin Frieden schaffe, dann erlebe ich mein wahres Menschsein, dann weiß ich, wer ich bin, dann bin ich im Einklang mit mir selbst. Und das ist das höchste Glück, das Gott uns zu verheißen vermag. Doch damit uns diese Verheißung zuteil wird, müssen wir selbst etwas tun. Wir müssen mit uns in Einklang kommen und wir brauchen den Mut, uns bei Menschen für den Frieden einzusetzen, die uns das kaum lohnen werden. Dennoch halten wir am Frieden für sie fest. Wir geben sie nicht auf. Dass das heute nicht immer einfach ist, zeigt uns die Politik. Aber wer diesen Einsatz für den Frieden wagt, der wird auch beschenkt mit dem Gefühl, etwas Sinnvolles getan zu haben. Sein Kampf für den Frieden wird sich in ihm als Lebendigkeit und Dankbarkeit ausdrücken.

Ein Urbild des Friedensstifters in unserer Zeit war Martin Luther King, der schwarze Baptistenpastor. Seine Art und

Weise, Frieden zu stiften, nahm die Botschaft Jesu von der Gewaltlosigkeit und von der verwandelnden Kraft der Liebe ernst. Aus der Haft schreibt er den weißen Rassisten: „Werft uns ins Gefängnis, wir werden euch trotzdem lieben! Werft Bomben in unsere Häuser, bedroht unsere Kinder, wir werden euch trotzdem lieben!" (Feldmann 702) Für ihn bedeutet Frieden zu stiften nicht etwas durchzusetzen, sondern durch Liebe auch den Gegner zu gewinnen. Dann ist die Liebe eine Macht, die einen dauerhaften Frieden schafft. Alles, was nur mit Verhandlung erreicht wird, bleibt brüchig. Es braucht die Liebe, die mit kreativen Methoden dem Frieden zum Durchbruch verhilft.

Die Feindesliebe ist für Martin Luther King der Schlüssel zum wahren Frieden. So sagt er in einer Predigt über Jesu Bergpredigt: „Der Befehl, unsere Feinde zu lieben, ist nicht die fromme Bitte eines schwärmerischen Träumers; er ist eine unbedingte Notwendigkeit für unser Überleben. Die Liebe auch zu unseren Feinden ist der Schlüssel, mit dem sich die Probleme der Welt lösen lassen. Jesus ist kein weltfremder Idealist, sondern ein praktischer Realist." (King 62) Nur die Liebe kann Frieden stiften. „Hass kann den Hass nicht austreiben. Das gelingt nur der Liebe. Hass vervielfältigt den Hass, Gewalt mehrt Gewalt, Härte vergrößert Härte in einer ständigen Spirale der Vernichtung." (Ebd 66) Der Hass zerstört nicht nur das Miteinander, er schadet auch dem Menschen: „Wie ein Krebsgeschwür zerfrisst der Hass die Persönlichkeit und ihre Lebenskräfte. Der Hass zerstört den Sinn für menschliche Werte und die Objektivität. Er bringt den Menschen dazu, das Schöne als hässlich, das Hässliche als schön und das Wahre als falsch zu sehen." (Ebd 67) Es sind Worte, die auch heute ihre Geltung haben. Wir sehnen uns heute nach Menschen, die mit solcher Phantasie und zugleich Kraft und Konsequenz Frieden schaffen wie Martin Luther King.

Glücklich sind
die um der Gerechtigkeit willen Verfolgten,
denn ihnen gehört das Himmelreich

Gerechtigkeit fordern heute viele ein. Aber um der Gerechtigkeit willen verfolgt zu werden, dafür reicht die Zivilcourage meistens nicht. Da schaut man weg, wenn Jugendliche einen Farbigen in der S-Bahn anpöbeln oder wenn man einer alten Frau die Handtasche wegreißt. Die Ungerechtigkeit in der Welt schreit zum Himmel. Aber kaum einer riskiert dafür seine eigene Haut. Der evangelische Pfarrer Friedrich Schorlemmer stellt für unsere Gesellschaft die Gültigkeit folgender Seligpreisungen fest: „In die Faust lachen sich die, die sich mit Macht durchzusetzen verstehen, denn sie drängeln alle beiseite und kommen groß raus. Glücklich sind die, die stets mit den Wölfen heulen, mit der Meute rennen und sich ihren Happen zu sichern wissen. Glücklich, wer es versteht, immer auf der Siegerseite zu stehen, wer es versteht, die gesetzlichen Schlupflöcher für sich zu nutzen, denn er ist nicht zu fassen." (Schorlemmer 151)

In der Massengesellschaft versucht sich jeder, der anders denkt und der an der Ungerechtigkeit in der Welt leidet, zu verstecken, damit er nicht Opfer der Ungerechtigkeit wird, damit er nicht zum Sündenbock wird für die, deren Unrecht er aufzeigt. Gegen diese Mentalität, zwar über die Ungerechtigkeit zu jammern, aber sich nicht allzu sehr hervorzuwagen, setzt Jesus in der achten Seligpreisung auf Umdenken und Umkehr, auf den Mut, sich einzumischen und seinen Kopf für die Gerechtigkeit zu riskieren. Schorlemmer beschreibt die zwei entgegengesetzten Grundhaltungen so: „Wir leben – wohl zu jeder Zeit! – in einer Welt, in der einige mächtig und die anderen ohnmächtig sind, wo einige verschlagen und die anderen die Geschlagenen sind, wo einige immer mehr haben wollen und viele daher immer weniger haben, wo einige Geschichte machen müssen und mit allen anderen Geschichte gemacht wird, wo einige über Leichen gehen und es nicht spüren. Da heißt es dagegenhalten: Das Leiden der anderen sehen, und es als Glück erfahren, Leiden zu lindern! Hinsehen, nicht wegsehen! Durchsehen, nicht drüber hinwegsehen! Aus Sorge *Für*sorge werden lassen!" (Ebd 152)

In dieser Welt von Unrecht und dem Recht des Stärkeren sehnen wir uns nach einer Welt, in der alle zuhause sein dürfen, in der all die verschiedenen Gruppierungen in das eine Ganze integriert werden, in der nicht mehr die einen die andern verfolgen, sondern alle das gleiche Ziel verfolgen: ein gedeihliches Miteinander, richtiges Leben für alle, Recht für alle. Und wir sehnen uns nach Menschen, die mit ihrer ganzen Existenz für das Recht aller eintreten, auch wenn sie selbst von ihrem Einsatz nur Beschimpfung und Verleumdung zu erwarten haben.

Jesus spricht diese Sehnsucht an. In der achten Seligpreisung baut er keine Utopie auf. Er macht keine „Sätze ohne einen Ort" (Schorlemmer 149). Vielmehr traut er uns zu, dass wir auch anders können. „Die Seligpreisungen entfalten, wie der Mensch gemeint ist, wenn er dem anderen ein Helfer, ein glücklicher *und* ein beglückender Helfer wird. Die Seligpreisungen besingen das wiederhergestellte menschliche Antlitz mitten in unserer Welt. Außerhalb des Paradieses geschieht Paradiesisches." (Ebd 148) Die Seligpreisung fordert uns heraus, aber sie lädt uns nicht Unmögliches auf. Vielmehr stärkt sie unsere Sehnsucht nach dem Mut, für die Gerechtigkeit einzutreten, koste es, was es wolle. Indem wir mit unserer Sehnsucht nach dieser Gerechtigkeit in Berührung kommen, wächst in uns die Kraft zum rechten Handeln.

Die achte Seligpreisung scheint eine Wiederholung der vierten zu sein, in der die selig gepriesen werden, die nach Gerechtigkeit hungern und dürsten. Hier preist Jesus die glücklich, die um der Gerechtigkeit willen verfolgt werden. Das ist paradox. Verfolgt zu werden ist nie etwas Angenehmes. Und doch gehört es offensichtlich zur Selbstwerdung, dass ich auch Verfolgung in Kauf nehme. Wenn wir diese Seligpreisung mit den griechischen Kardinaltugenden vergleichen, so entspricht ihr die Tugend der Tapferkeit. Der Tapfere ist nicht der Tollkühne, sondern letztlich der, der zu seiner Überzeugung steht. Er wird seinem Wesen gerecht und hält an seinen Anschauungen fest, die er als richtig erkannt hat, ohne sich nach den Erwartungen der andern zu richten. Tapferkeit ist Ausdruck einer inneren Freiheit. Ich bin nicht abhängig von der Meinung und Anerkennung der andern. Ich lebe authentisch und halte an dieser Gerechtigkeit fest, auch wenn ich Nachteile bei den Menschen erlange.

Heute sind wir im Zeitalter des Populismus. Viele richten sich in ihrem Leben nur nach der Mode, nur nach dem, was mehrheitsfähig ist. Bei der politischen Wende in Ostdeutschland sprach man von den Wendehälsen, die sich sofort nach den neuen politischen und gesellschaftlichen Modeströmungen richteten und ihre bisherige Weltanschauung über Bord warfen. Sie wollten nur mitschwimmen im allgemeinen „mainstream", in dem, was heute gesellschaftlich und politisch modern ist. Doch wenn Menschen nicht zu ihrer Überzeugung stehen, sondern sich ständig nach dem richten, was gerade beliebt ist, dann haben sie kein Rückgrat. Sie lassen sich verbiegen und sie werden letztlich manipulierbar. Sie spüren keinen Wert in sich und müssen sich deshalb nach den Zustimmungswerten von außen richten. Jeder spricht von Reformen. Doch wenn Politiker den Mut zeigen, Reformen durchzusetzen, erfahren sie Widerstand. Und vor jeder Wahl verbiegen sie sich, weil ihnen die Zustimmung wichtiger ist als die Reform, die letztlich allen zugute kommen soll.

Jesus meint aber mit seiner Seligpreisung nicht nur die Menschen, die authentisch leben und frei sind gegenüber der öffentlichen Meinung. Um der Gerechtigkeit willen werden auch die verfolgt, die sich für die Gerechtigkeit in der Welt einsetzen. Viele lateinamerikanische Priester haben das am eigenen Leib erfahren. Weil sie sich für gerechte Strukturen und für Chancengerechtigkeit für die armen Bauern eingesetzt haben, wurden sie Opfer der Todesschwadronen, die die reichen Großgrundbesitzer auf sie gehetzt haben. Die Großgrundbesitzer wollten keine Gerechtigkeit. Sie wollten an ihrem Besitz festhalten. Da werden alle, die sich für Gerechtigkeit engagieren, unbequem. Sie werden verfolgt und getötet. Jesus preist diese Menschen glücklich. Auch wenn sie den Widerstand der

Reichen spüren, sind sie doch im Einklang mit sich selbst. Sie erfahren ihr Leben als sinnvoll. Sie sind voller Lebensfreude und Lebenslust. Weil sie keine Angst haben vor den Vertretern der Ungerechtigkeit, sind sie innerlich frei und können ihr Leben sinnvoll für die Menschen einsetzen.

Gregor von Nyssa denkt bei der Verfolgung an die Wettrennen, die in der Antike so beliebt waren. Der Läufer wird von seinen Mitläufern verfolgt. Und nur wenn er sie hinter sich lässt, erringt er den Siegespreis. Zugleich treiben die verfolgenden Mitläufer uns an, immer schneller zu laufen. So ist nach Gregor die Verfolgung für uns eine Chance, unsere eigenen Möglichkeiten zu entdecken und zu entfalten. Das Geheimnis der Verfolgung um der Gerechtigkeit willen ist, dass selbst Schlechte und Böse uns durch ihre Verfolgung zum Guten hin treiben können. Das zeigt Gregor an einigen Beispielen, etwa am Beispiel Josefs, der von seinen Brüdern verfolgt wird, aber gerade auf diesem Weg zum königlichen Verwalter von Ägypten wird. Und er hat die Märtyrer vor Augen, die durch die Verfolgung den ewigen Siegespreis erlangten. Urbild der Märtyrer ist Stephanus. Er freute sich über die Verfolgung durch die tobende Menge. Er empfing „die schweren Tropfen des dichten Steinregens wie einen angenehmen Tau" (Gregor 235), weil er um den Lohn des Himmelreiches wusste. Gregor nimmt nochmals das Bild des Wettlaufs auf, wenn er schreibt: „Denn als er noch im Wettlauf wegen des Bekenntnisses begriffen war, erschien ihm seine ganze Hoffnung: der Himmel öffnete sich und die göttliche Majestät neigte sich von den höheren Regionen herab zur Arena, in der der Märtyrer stritt; ja derjenige zeigte sich selbst als Helfer seinem Auge, für den der Wettkämpfer ringend

Zeugnis ablegte." (Ebd 236) Jesus erscheint dem Stephanus nicht auf dem Thron sitzend, sondern „zur Rechten Gottes stehend". (Apg 7,56) Gregor deutet das so, dass Jesus dem Wettkämpfer zur Seite steht und mit ihm kämpft und dass er zugleich der Kampfrichter ist, der ihm den Lorbeerkranz aufsetzt.

Wenn wir die bildhafte Sprache des Bischofs von Nyssa in unseren modernen Alltag hinein übersetzen, dann denke ich an folgende Situationen: Die Konflikte, in die ich gerate, zerreißen mich nicht, sondern sie fordern mich heraus, an ihnen zu wachsen. Ich werde stärker, wenn ich mich dem Konflikt stelle. Das Scheitern im Beruf, in der Ehe, in meinem Lebensentwurf, zerbricht mich nicht, sondern treibt mich an, kraftvoller den Lauf nach vorne zu wagen. Auch ein Versagen, das mich beschämt, kann zum Verfolger werden, der mich schneller auf Gott hin laufen lässt. Das sind für Gregor die „bösen Verfolger". Sie können mich zu Gott hintreiben. Sie zwingen mich, mich zu fragen, worauf ich meine Karte setze: auf erfolgreiches Leben oder auf Gott, auf den guten Ruf oder auf Authentizität, auf die Maßstäbe dieser Welt oder die Verheißungen Gottes.

Das Glück, das Jesus diesen Menschen verheißt, ist das Himmelreich. Matthäus hat die acht Seligpreisungen so komponiert, dass die erste und letzte jeweils die Verheißung des Himmelreiches beinhalten. Die, die im Geiste arm sind, sind wie die um der Gerechtigkeit willen Verfolgten auch die innerlich freien Menschen, die sich nicht abhängig machen von der Meinung der andern. Diese Menschen sind frei, weil sie sich nicht von Menschen beherrschen lassen und nicht von der öffentlichen Meinung, sondern weil sie in Gott zu ihrem wahren Wesen gefunden haben. Gott herrscht in ihnen. Und weil Gott in ihnen herrscht, sind sie ganz sie selbst, frei von der Macht der Menschen. Weil Gott ihre Mitte ist, sind sie selbst in ihrer Mitte, sind sie im Einklang mit sich selbst. Das Himmelreich ist ihr Lohn. Und zugleich ist die Herrschaft Gottes in ihnen die Voraussetzung, dass sie sich frei machen von aller Anhänglichkeit und Abhängigkeit und dass sie den Kampf für die Gerechtigkeit wagen. Wenn Gott in uns herrscht, dann werden wir wahrhaft frei. Dann hat kein Mensch Macht über uns. Und keine öffentliche Meinung vermag über uns zu bestimmen.

Gregor denkt bei der achten Seligpreisung auch über das Geheimnis der Acht nach. Er erinnert an den achten Tag, an dem das Kind gereinigt und beschnitten wird. Und er denkt an den achten Tag als den Tag der Auferstehung. Für ihn ist sowohl Reinigung wie Beschneidung auch ein Bild für den Christen. Der Christ wird durch die Verfolgung gereinigt von aller Befleckung. Beschneidung wird zum Bild, dass der Mensch das Tierfell ablegt, das er bei der Vertreibung aus dem Paradies angezogen hatte. Und wir, die wir hier auf Erden immer wieder verfolgt werden vom Bösen, haben teil an der Auferstehung Jesu. Aber letztlich, so meint Gregor, ist der Siegeskranz, den Jesus uns verheißt, er selbst. „Er ist der Spender der Erbschaft, er die schöne Erbschaft, er der gute Anteil, er, der uns bereichert, er der Reichtum, er, der dir den Schatz zeigt und dein Schatz sein will, der in dir das Verlangen nach der kostbaren Perle weckt und zugleich die Hoffnung, dass du sie dir erwerben kannst, falls du nur ein redlicher Käufer sein willst." (Ebd 240)

Himmelreich ist im Deutschen ein Synonym geworden für Glück. Allerdings denken wir da oft nicht an den theologischen Gehalt dieses Wortes. Vielmehr ist für den einen sein Haus das Himmelreich, für das er alles gibt, für den andern ist es sein Auto oder sein Beruf. Wir geben alles für das Himmelreich. So hat die Sprache etwas übernommen von dem, was Jesus uns in den Seligpreisungen verheißt. Aber das Himmelreich ist für uns nicht mehr etwas Äußeres, sondern Gott selbst, der in uns herrscht und uns befreit von der Macht der Menschen, von der Abhängigkeit von Zustimmung und Anerkennung. Diese innere Freiheit ist das Wesen des Himmelreiches. Wenn Gott den inneren Raum in uns ausfüllt, dann ist er Himmelreich, dann erfahren wir in uns Weite und Freiheit, Lebendigkeit und Liebe, Frieden und Einklang. Gott bringt uns in Berührung mit unserem wahren Wesen. Und er erfüllt uns unsere tiefste Sehnsucht nach Glück.

Ein Beispiel für einen, der um der Gerechtigkeit willen verfolgt wird, hat der griechische Dichter Niko Kazantzakis in seinem Roman „Griechische Passion" beschrieben. Ein Dorf in Nordgriechenland spielt die Passion Jesu. Die Darsteller werden vom Gemeinderat ausgesucht. Sie meditieren ihre Rollen und identifizieren sich damit. Eine von den Türken vertriebene Gemeinde bittet mit ihrem Priester um Hilfe und Aufnahme. Doch die reichen Bauern und der hartherzige Dorfpriester weisen die Hilfe ab. Als der Christusdarsteller Manolios, durch eine persönliche Christuserfahrung bewegt, die reichen Bauern um Hilfe bittet, entgegnet ihm der Priester Grigoris: „Gott verteilt das Gute nach seinem geheimen Gesetz: Eines ist die Gerechtigkeit Gottes, ein anderes die Gerechtigkeit der Menschen.

Gott hat Reiche und Arme geschaffen, weh dem, der diese Ordnung zu stören sucht!" (Hahn 199) Schließlich wird Manolios in der Kirche von der durch den Priester aufgebrachten Menge erschlagen. Da wird das Passionsspiel ernst. Manolios hat an sich selbst erleben müssen, was Christus, dem wahrhaft Gerechten, in seinem Kampf um die Gerechtigkeit und Barmherzigkeit widerfahren ist.

Der russische Dichter Tschingis Aitmatow, Kirgise und Muslim, hat in seinem Roman „Der Richtplatz" einen Popensohn, der wegen Häresie aus dem Priesterseminar ausgeschlossen wurde, als einen Menschen beschrieben, der sich vom Geist Jesu dazu treiben lässt, für die Gerechtigkeit zu kämpfen. Er befasst sich als Journalist mit der russischen Drogenmafia und versucht, die Hanfsammler von ihrem Tun abzuhalten. Doch er wird misshandelt und aus dem fahrenden Zug geworfen. In diesen Roman hat der Dichter eine Szene vom Verhör des Pilatus eingeschoben. Er zeigt damit, dass es heute um das gleiche Thema geht wie damals. Jesus steht für die Überzeugung, dass es „Glück und Gleichheit für alle und in Ewigkeit" gibt, dass ein „Reich der Gerechtigkeit für jeden und alle" kommen wird, in dem alle gleich sind. (zitiert in: Kuschel 351) Für den muslimischen Dichter, der versucht, den Geist Jesu zu verstehen, wird Jesus nicht als Weltenrichter kommen. Vielmehr wird er „‚in den Menschen' zu den Menschen zurückkommen. Und zwar dann, wenn die Menschen nach einem unendlich mühseligen Leidensweg sich zu ihrer innersten und wahrsten Bestimmung durchgerungen hätten: ihrer Bestimmung ‚zum Guten und zur Schönheit'." (Ebd 351) Die Seligpreisung schafft – so können wir diesen Roman verstehen – Menschen, die sich vom Geist Jesu leiten lassen, in denen Jesus selbst in unsere Welt kommt, um von neuem um der Gerechtigkeit willen verfolgt zu werden. Von solchen Menschen, in denen Jesus zu uns kommt, geht Heil und Heilung für die ganze Welt aus.

Die Seligpreisungen –
ein Weg zu einem gesunden Leben

Für viele Menschen ist heute das höchste Glück die Gesundheit. Es gibt zahllose Ratgeber, wie wir glücklich werden. Mindestens ebenso viele werden heute über Wege des gesunden Lebens geschrieben. „Hauptsache gesund", sagen wir im Alltag – und sagen damit etwas Richtiges. „Was nützt mir der ganzen Erde Geld, kein kranker Mensch genießt die Welt", hat Goethe einmal gesagt. Aber manchmal hat die Sehnsucht nach Gesundheit eine religiöse Dimension angenommen. So spricht man schon von Gesundheitsreligion. Gesundheit ist für manche das Heiligste. Und dafür opfern sie alles. Manchmal scheinen die Opfer, die für die Gesundheit gebracht werden, härter zu sein als die Opfer, die Menschen in der Geschichte Gott gegenüber geleistet haben. Gesundheit ist sicher ein wichtiger Aspekt des gelingenden Lebens. Aber er darf nicht der einzige sein. Vor allem genügt es nicht, nur die körperliche Gesundheit zu berücksichtigen, die seelische aber zu vergessen.

Die Verbindung von Glück und Gesundheit hat schon die griechische Philosophie gesehen. Thales von Milet, einer der Sieben Weisen, meint, das Glück des Menschen habe drei Voraussetzungen: dass man „dem Körper nach gesund, der Seele nach reich, dem Wesen nach wohlerzogen" ist. Die griechischen Dichter bringen immer wieder zum Ausdruck, dass Reichtum und Macht ohne Gesundheit wertlos seien. Für Epikur, den eigentlichen Philosophen des Glücks, erreichen wir das Glück durch seelische Ausgeglichenheit und körperliche Gesundheit. Die Stoiker sehen dagegen die Gesundheit vor allem als moralische Tugend. Gesund ist der, der die Tugenden lebt. Es gibt in Griechenland verschiedene Akzente in der Zusammenschau von Glück und Gesundheit. Die einen betonen mehr den Körper, die andern mehr die Seele und den Geist, die Tugenden und das geordnete Leben. Die griechischen Ärzte entwickelten eine eigene Diätetik, die Lehre von der Lebensführung. Dort geben sie praktische Ratschläge wie gesunde Ernährung, Regeln für Schlaf und Körperpflege, aber sie beziehen auch die Seele und Fragen der Erziehung und Bildung mit in ihr Lebenskonzept ein. Für die griechische Philosophie war aber auch das richtige Denken ein wichtiger Weg zur Gesundheit. Der Philosoph Wilhelm Schmid beschreibt die heilende Wirkung des Denkens, die für die griechischen Denker – seien es Philosophen oder christliche Theologen – selbstverständlich ist: „Was heilt, ist nicht so sehr der Arzt und nicht die Medizin. Was heilt, sind die Kräfte des Körpers, der Seele und des Denkens eines Menschen selbst ... Selbst wenn eine Krankheit ausschließlich somatisch bedingt sein sollte, so ist damit noch nicht gesagt, dass sie auch somatisch bewältigt werden kann. Es könnten hierfür die immensen Energien erforderlich sein, die von einer ‚Seele‘, auch wenn sie objektiv nicht zu messen ist, freigesetzt werden können, und hierfür könnten wiederum Denkprozesse und Anstrengungen des Denkens erforderlich sein, die den seelischen Energien eine Richtung zu geben vermögen, oder sie überhaupt wecken, hervorlocken und anregen." (Schmid 150f)

Auf dem Hintergrund griechischer Philosophie und Medizin nennen die gnostischen Thomas-Akten Jesus den „Arzt alles Sichtbaren und Unsichtbaren". Er führe die Menschen zu ihrer Ganzheit. Für die frühen Kirchenväter ist die Gesundheit des Menschen immer an das Heil gebunden. Und Heil meint Gesundung des Leibes und der Seele. Es ist letztlich von Gott geschenkt. Gesundheit ist beides: Wir können dafür arbeiten. Aber letztlich ist sie immer auch Geschenk. Die Meditation und das Durchdenken der Seligpreisungen könnte uns mit dem Heil Gottes, mit den heilenden Kräften, die Gott uns geschenkt hat, in Berührung bringen. Aber alles Denken will uns immer auch darauf verweisen, dass Heil und Gesundheit von Gott kommen und letztlich immer Wunder seiner Gnade sind.

Dass die Seligpreisungen seelische Krankheiten heilen und den Menschen zu Gesundheit führen wollen, ist in der Auslegung schon manchmal angeklungen. Vor allem Gregor von Nyssa hat diesen Aspekt in seinen Predigten betont. Die Seligpreisungen sprechen unsere Sehnsucht nach gelingendem Leben an. Ein wichtiger Teil des gelingenden Lebens ist ein gesundes Leben. Dabei dürfen wir nicht nur an körperliche Gesundheit denken, sondern an den gesunden Menschen. Die Gesundheit beginnt in der Seele. Ohne eine gesunde Seele ist ein gesunder Leib wurzellos. Manchmal funktioniert der Leib dann zwar und scheint nach außen gesund zu sein. Doch wer in seiner Seele nicht im Einklang mit sich ist, verliert auch die Beziehung zum Körper. Er mag durch Medikamente äußerlich gesund gehalten werden. Doch der Mensch fühlt sich in ihm nicht wohl. Hildegard von Bingen sagt, dass wir so mit unserem Leib umgehen sollen, dass die Seele gerne in ihm wohnt.

Die Seligpreisungen sind natürlich keine Anweisung zu körperlicher Gesundheit. Wenn wir jedoch davon ausgehen, dass die Seligpreisungen mit ihren acht Haltungen wichtige Aspekte der menschlichen Seele berücksichtigen, dann haben sie auch mit der körperlichen Gesundheit zu tun. Denn wer in seiner Seele gesund ist und gesund lebt, für den wirkt sich das auch auf den Leib aus. Aber die Seligpreisungen machen die Fixierung heutiger Gesundheitsreligion auf den Körper nicht mit, eine Fixierung, die Schmid „Somatomanie, Körperwahn" nennt. Sie wollen den Menschen in die richtige Haltung vor Gott bringen und zu seinem wahren Wesen führen.

Bevor ich die Seligpreisungen als Weg zu einem gesunden Leben beschreibe, möchte ich aber eine Vorbemerkung machen. Wir sind heute in Gefahr, jede Krankheit psychologisch zu interpretieren. Und häufig suchen wir die Ursache für die Krankheit in der Psyche. Diese Deutung geht auf Sigmund Freud zurück. Er spricht von kausal-reduktiver Krankheitsdeutung und führt die Krankheit auf eine frühere Ursache zurück. Daran ist durchaus etwas Wahres. Wer sich ungesund ernährt oder zuviel raucht, der braucht sich nicht zu wundern, wenn er krank wird. Bei ihm ist die Ursache klar. Aber ich darf das nicht verallgemeinern. Sonst vermittle ich jedem Kranken: „Du bist ja selbst schuld an deiner Krankheit." Das wird ihm nicht gerecht. Und das macht ihn nur noch kränker. Denn dann sucht er die Schuld immer bei sich. Ich habe viele Menschen erlebt, die sich sehr verletzt fühlten, als der Arzt zu ihnen sagte: „Ihre Krankheit ist psychisch bedingt." Das klang in ihren Ohren oft wie eine Verurteilung: „Du hast verkehrt gelebt. Deshalb bist du krank."

Der amerikanische Philosoph und Psychologe Ken Wilber und seine Frau Treya erzählen in dem beeindruckenden autobiographischen Buch „Mut und Gnade", wie verletzend es für sie war, als nach der Krebserkrankung von Treya viele Freunde kamen und sofort eine Theorie parat hatten, warum sie an Brustkrebs erkrankt sei: „Du hast zuviel Groll herunter geschluckt. Deshalb hast du Krebs." Ken Wilber reflektiert über dieses Phänomen der schnellen Deutung. Er meint, bei Krankheit entstehe immer Angst. Und diese Angst wollen wir überwinden, indem wir die Krankheit sofort deuten: „Wir lassen uns viel lieber einen schädlichen und negativen Sinn aufbürden, als gar keinen Sinn zu haben. Sooft eine Krankheit uns erwischt, ist die Gesellschaft zur Stelle mit einem Sack handlicher Bedeutungen und Urteilen." (Wilber 56) Daraus entsteht ein Teufelskreis: „Warum bin ich krank? Weil du böse warst. Und woran erkenne ich, dass ich böse war? Daran, dass du krank bist." (Ebd 56) Die Gesellschaft hat viele Deutungen für die Krankheit. Die Esoterik sagt: „Du legst dir selbst diese Krankheit zu, weil du etwas Wichtiges durch sie zu lernen hast, um dann deine spirituelle Entwicklung fortsetzen zu können." (Ebd 61) Doch damit suche ich die Schuld wieder bei mir selbst. Andere sprechen von einem negativen Karma, das die Krankheit bewirkt. Doch all diese Deutungen helfen nicht weiter, vor allem dann nicht, wenn sie von außen kommen. Andere machen sich eine Theorie über meine Krankheit, weil sie sich letztlich nicht auf mich mit dieser Krankheit einlassen wollen. Sie wollen mit ihrer Theorie die Krankheit in eine bestimmte Schublade stecken, damit sie sich selbst nicht mit der eigenen Möglichkeit, krank zu werden, auseinander setzen müssen. Ken Wilber gibt seiner Frau den Rat: „Da niemand die Ursache für deinen Krebs kennt, wüsste ich nicht, was du ändern solltest, um zur Heilung beizutragen. Aber wie wäre es damit: Du könntest den Krebs einfach als Metapher nehmen, als Ansporn, all die Dinge in deinem Leben zu ändern, die du sowieso ändern wolltest … Und wenn du was änderst, dann nicht mit dem Gedanken, dass es die Ursache für den Krebs war – das macht dir nur Schuldgefühle; ändere es, weil es sowieso geändert werden sollte." (Ebd 67)

C. G. Jung spricht von finaler Krankheitsdeutung. Wenn ich krank werde, darf ich durchaus fragen, was mir die Krankheit sagen und worauf sie mich hinweisen möchte. Aber ich verzichte darauf, nach der Ursache Ausschau zu halten. Jung spricht in einem anderen Kontext zudem von Synchronizität, von Gleichzeitigkeit, die ich aber kausal nicht mehr begründen kann. Manchmal treten seelische Probleme und körperliche Krankheiten gleichzeitig auf. Sie sind Ausdruck einer inneren Situation. Aber ich frage da nicht nach Ursachen, sondern nur, wie ich angemessen auf diese Situation antworten soll, sowohl seelisch wie körperlich. Leib und Seele hängen zusammen. Aber was früher ist, die seelische oder körperliche Reaktion auf eine innere oder äußere Bedrohung, das können wir nicht entscheiden. Daher braucht es Behutsamkeit und Ehrfurcht vor dem Geheimnis des Menschen, vor dem Geheimnis seiner Gesundheit und seiner Krankheit.

In diesem Sinn also möchte ich die Seligpreisungen als Weg zu einem gesunden Leben beschreiben. Dabei folge ich der Theologie des Matthäusevangeliums. Matthäus beschreibt nach jeder Rede des Messias seine Taten. Nach der Bergpredigt erzählt uns Matthäus eine Reihe von Heilungsgeschichten. Jesus hat sich mit seinen Worten an kranke Menschen gewandt, damit sie durch seine Worte heil werden. Jetzt geht er auf die Kranken zu, auf die Aussätzigen und Fieberkranken, auf die Besessenen und Gelähmten, auf die Blinden und Stummen. Er sagt von sich selbst: „Nicht die Gesunden brauchen den Arzt, sondern die Kranken." (Mt 9,12) Jesus ist der Arzt, indem er die Kranken berührt und heilt, aber auch, indem er ihnen Worte sagt, die ihre innere Krankheit heilen. Matthäus deutet das Reden und Handeln Jesu jeweils mit Worten aus dem Propheten Jesaja. Vor der Bergpredigt zitiert er das Wort: „Das Volk, das im Dunkel lebte, hat ein helles Licht gesehen; denen, die im Schatten des Todes wohnten, ist ein Licht erschienen." (Mt 4,16) In der Bergpredigt erhellt Jesus das Leben derer, die im Dunkel herumtappen und nicht wissen, wie das Leben gelingt. In den Heilungen durch Jesus sieht Matthäus das Wort des Propheten Wirklichkeit werden: „Er hat unsere Gebrechen weggenommen und unsere Krankheiten fortgetragen." (Mt 8,17) So wie Jesus durch sein Wort krankmachende Lebensmuster entlarvt und vertreibt, so trägt er durch sein heilendes Wirken gleichsam die Krankheiten weg, damit der Mensch wieder die Gestalt gewinnt, die ihm ursprünglich von Gott zu gedacht war. Wort und Tat, Weisung und Heilung gehören für Jesus – so wie ihn Matthäus versteht – eng zusammen.

In der Deutung der Seligpreisungen als Weg zu einem gesunden Leben gehe ich jeweils vom Gegenteil der Haltungen aus, die Jesus anspricht. Die gegenteilige Haltung ist immer krankmachend. Sie schadet der Seele und dem Leib. Das Gegenteil von Armut im Geiste ist das Hängen am Reichtum. Nicht der Reichtum ist schädlich. Doch – so sagt C. G. Jung – der Besitz kann die Maske verstärken. Der Mensch, der am Reichtum hängt, ersetzt oft sein mangelndes Selbstwertgefühl durch den Besitz. Und er hält den Besitz und Erfolg oft wie eine Maske vor sich hin. Eine Frau erzählte mir, dass sie mit ihrem Mann nicht mehr vernünftig reden kann. Sie kommt nicht mehr an ihn, an sein Herz heran. Er spricht nur von seinen wirtschaftlichen Erfolgen und vom Geld. Man kann sich vorstellen, wie eine solche Haltung den Menschen innerlich krank und leer macht. Je größer diese innere Leere wird, desto mehr muss er sie mit äußeren Dingen ausfüllen. Der erfolgreiche Mann, den seine Frau nicht mehr spürte, war sehr intelligent. Aber im Gespräch mit seiner Frau wurde er immer vulgärer. Weil der Besitz ihm den Zugang zu seinem Herzen verstellt hat, konzentrierte sich seine Energie nicht nur auf das Geld, sondern auch auf eine primitive Stufe der Sexualität. Er musste seine Leere mit Geld und Sexualität zustopfen. Man geht wohl nicht ganz fehl in der Befürchtung: Diese Maßlosigkeit wird irgendwann auch seinen Körper erfassen und ihn krank machen. Die Armut als innere Freiheit ist durchaus ein Weg zur Gesundheit. Dabei darf Armut nicht zur Lebensverneinung werden. Sie ist vor allem Einfachheit und Freiheit den Dingen gegenüber. Das einfache Leben haben alle griechischen Ärzte als Weg zur Gesundheit gepriesen.

Die zweite Seligpreisung hat uns auf die Trauerarbeit als wichtigen Beitrag zur seelischen Gesundheit verwiesen. Viele Therapeuten stellen fest, dass seelische und oft auch körperliche Krankheiten ihren tieferen Grund in der Verweigerung der Trauerarbeit haben. Manche, die die Trauer um einen Verstorbenen überspringen, haben ein Jahr später einen Trauerkloß in sich, der ihnen den Hals zuschnürt. Manchmal äußert er sich in Asthma, oft genug in Depressionen. Oft werden Defizite oder Verletzungen in der Erziehung nicht betrauert. Dann wirken sie weiter kränkend auf uns ein. Ich erlebe immer wieder Menschen, die in ihrer religiösen Erziehung verletzt worden sind. Aber sie betrauern nicht, was man ihnen angetan hat. Vielmehr lehnen sie alles Religiöse ab. Sie identifizieren es mit dem Verletzenden ihrer Kindheit. Doch damit schneiden sie sich eine wichtige Wurzel ab. Und oft genug hängen sie mit dieser Haltung in der Luft. Sie suchen dann überall nach religiösen Ersatzstücken, finden aber selten ihren inneren Frieden. Viele psychische Krankheiten und Beschwerden haben ihre Ursache in der spirituellen Wurzellosigkeit. Statt die Defizite zu betrauern, vergrößert man sie, indem man sich von wichtigen Erfahrungen trennt, die einen in der Kindheit berührt und getragen haben. Die Trauerarbeit ermöglicht es uns, mit den inneren Ressourcen in Berührung zu kommen, die hinter den Defiziten liegen. Und diese Ressourcen sind notwendig, damit wir die Konflikte und Verletzungen unseres Lebens bewältigen, an ihnen nicht zerbrechen, sondern daran stärker werden. Das hat die Salutogenese heute neu erkannt. Salutogenese ist eine moderne Form der Therapie, die daran interessiert ist, was den Menschen gesund macht. Sie fragt nicht in erster Linie danach, was ihn krank gemacht hat, sondern wo die positiven Ressourcen in ihm sind, die ihm helfen, gesund zu werden trotz oft widriger äußerer Umstände. Durch das Betrauern unserer Defizite und Verletzungen kommen wir in Berührung mit den heilenden und stärkenden Quellen in unserer Seele, mit dem Potential an Selbstheilungskräften, das in uns bereit liegt.

Das Gegenteil der dritten Seligpreisung (Milde, Sanftmut, Gewaltlosigkeit) ist die Härte gegenüber sich selbst. Die Härte zeigt sich nicht nur in harten Urteilen anderer Menschen gegenüber oder im Urteil über sich selbst und die eigenen Fehler und Schwächen. Oft drückt sich diese Härte auch körperlich ist. Da verspannen sich alle Muskeln. Der Rücken wird starr wie ein Brett. Alle mühsam unterdrückten Emotionen und Bedürfnisse hat man auf dem Rücken wie auf einer Müllhalde abgeladen. Rückenschmerzen sind manchmal Ausdruck von nicht zugelassenen Gefühlen. Sie erinnern uns, mit dem Rücken und den zugeschnürten Gefühlen in Berührung zu kommen. Wenn ein körperlicher Zustand der Verspannung lange anhält, dann führt er zu Dauerschäden. Der Mensch wird auch körperlich krank. Daher ist die Milde durchaus auch ein Heilmittel für den Leib. Die Härte drückt sich oft in Selbstbestrafung aus. Eine Form der Selbstbestrafung ist, sich etwas bewusst nicht zu gönnen, wenn man einen Fehler gemacht hat. Eine andere Weise zeigt sich in Unfällen. Der Therapeut Rudolf Affemann spricht von typischen „Unfällern" in den Betrieben: Menschen, die sich ständig den Hammer auf die Zehen fallen lassen oder irgendwo die Finger einquetschen oder sich die Haut aufschürfen und so verletzen. Er meint, das sei oft Ausdruck von Selbstbestrafung. Natürlich geschieht das nicht bewusst, sondern unbewusst. Manchmal scheinen auch Krankheiten eine Art Selbstbestrafung zu sein. Natürlich muss man da genau hinschauen und darf nicht vorschnell urteilen. Sonst verletzt man die Kranken und suggeriert ihnen, sie seien selbst an ihrer Krankheit schuld. Aber manchmal kommt einem bei der Begleitung von Menschen, die eine Krankheit nach der anderen haben, die Frage hoch, ob da nicht auch

Selbstbestrafung mit ihm Spiel ist. Die Frage darf man stellen. Aber zugleich muss man sich hüten, sich selbst oder dem Klienten gegenüber eine Antwort zu geben. Denn die steht uns letztlich nicht zu. Aber dass das harte Urteil über einen selbst und die Selbstbestrafung auch den Leib beeinträchtigen, das ist eine Erfahrungstatsache. Milde und Sanftmut sind daher durchaus auch Heilmittel gegen körperliche Krankheiten.

Gerechtigkeit bedeutet, seinem Wesen gerecht werden. Wer mit sich im Einklang lebt, wer innerlich stimmig ist, der wird nicht so leicht von Infektionen heimgesucht. Natürlich dürfen wir den Einklang mit unserer Seele nicht gleichsetzen mit der Harmonie im Leib. Es gibt auch Menschen, die durchaus sehr einverstanden sind mit sich selbst und ihrem Leben und trotzdem krank sind. Es gibt Krankheiten, die uns widerfahren und die daher durch keine seelische Haltung verhindert werden können. Aber oft führt der innere Zwiespalt auch zu körperlichen Problemen. Eine Frau erzählte mir von ihren Allergien. Sie lebte in einer Wochenendbeziehung ohne feste Bindung. Im Gespräch stellte ich diese Beziehung nie in Frage. Doch was sie erzählte, machte mich doch misstrauisch, ob sie für sie stimmig sei. Nach einiger Zeit kam sie selbst darauf, dass diese Beziehung für sie zwiespältig sei. Sie zog die Konsequenz daraus. Und schlagartig waren ihre Allergien verschwunden. Wenn wir unserem Wesen nicht gerecht werden, wenn wir nicht richtig auf die inneren Stimmen hören, sondern an uns vorbei leben, weil wir an irgendwelchen Illusionen festhalten, dann kann uns der Leib darauf aufmerksam machen, dass da etwas nicht stimmt mit uns und unserem Leben. Es geht da nicht um Schuld, sondern um eine Mahnung, besser mit uns umzugehen und unserem wahren Wesen gerecht zu werden, stimmig zu leben und nicht mehr im Zwiespalt mit uns selbst. Jesus ruft uns auf, nach Gerechtigkeit zu hungern und zu dürsten, richtig zu leben, uns und unserem Wesen gerecht zu werden. Es ist auch ein Aufruf zu gesundem Leben.

Das Gegenteil von Barmherzigkeit ist die Unbarmherzigkeit. Sie gleicht der Härte, die wir schon bei der Seligpreisung der Milde und Sanftmut bedacht haben. Doch in der Unbarmherzigkeit spielt noch etwas anderes mit. Barmherzigkeit bedeutet Mitgefühl, Mitleid. Unbarmherzigkeit betrifft einmal das unbarmherzige Urteil, das wir über uns fällen, zum andern den Mangel an Mitgefühl. Wer unbarmherzig alles in sich verurteilt, was seinem Idealbild nicht entspricht, der schwächt sich selbst und trennt sich von seinen Selbstheilungskräften, von den immunisierenden Ressourcen seiner Seele. Wer gefühllos ist, der ist abgeschnitten von seiner Seele. Sie kann ihn nicht mehr nähren. Sie kann seinen Leib nicht mehr durchdringen. Nach Gregor von Nyssa geht der Barmherzige eine Verbindung mit den Bedürftigen und Leidenden ein. Wenn ich das als Bild nehme, dann heißt es: Der Barmherzige beugt sich liebevoll zu den eigenen Bedürfnissen herab, aber auch zu dem Schwachen und Verletzten in sich. Wer die eigenen Schwächen und Kränkungen unbarmherzig übersieht, in dem wirken sie destruktiv weiter. Wenn das Auge der Seele das Verletzte und Bedürftige in sich nicht sehen will, dann übernimmt oft der Leib die Aufgabe, uns auf die inneren Kränkungen zu stoßen. Er wird krank, damit wir nicht nur mit dem Leib, sondern auch mit unserer Seele barmherzig umgehen. Es gibt allerdings auch viele Menschen, die nicht nur auf ihre Seele, sondern auch auf ihren Leib unbarmherzig reagieren. Sie hören nicht auf die Impulse, die er ihnen sendet. Sie wollen ihn mit Gewalt zum Funktionieren bringen. Wenn er krank wird, dann peitschen sie ihn mit starken Medikamenten auf, damit er trotzdem seine Leistung bringt. Doch irgendwann wird sich dieser Raubbau rächen. Oft bricht dann dieser Mensch völlig zusammen. Sein Kreislauf streikt, um ihn endlich zur Einsicht zu bringen, dass er barmherziger mit sich umgehen soll.

Jesus selbst stellt die innere Verbindung zwischen Reinheit und Gesundheit her, wenn er vom klaren Auge spricht. Die Einheitsübersetzung deutet die Klarheit schon als Gesundheit: „Wenn dein Auge gesund ist, dann wird auch dein ganzer Körper hell sein. Wenn es aber krank ist, dann wird dein Körper finster sein." (Lk 11,34) Die Reinigung der Emotionen wirkt sich auch positiv auf den Leib aus. Umgekehrt tut eine körperliche Reinigungskur auch der Seele gut. Fasten ist seit jeher eine beliebte Reinigungskur. Es entschlackt den Körper. Es gibt noch andere Weisen, sich körperlich zu reinigen: eine Kur mit Zimttee oder eine Kur mit einfachem Essen. Schon in der Antike sprachen die Ärzte davon, dass man sich mit zuviel feinen Speisen körperlich zugrunde richtet. Manchmal zeigt uns der Körper an, dass wir innerlich nicht klar sind. Die Pickel in der Pubertät sind unter anderem Zeichen dafür, dass die Jugendlichen vieles in sich noch nicht angenommen haben. Was die Seele nicht annimmt, das zeigt sich dann oft auf der Haut. Als ein Aussätziger auf Jesus zugeht und ihn um Heilung bittet, antwortet ihm Jesus: „Ich will es – werde rein!" (Mt 8,3) Jesus nimmt den Aussätzigen an, wie er ist. Jetzt ist es auch seine Aufgabe, sich selbst anzunehmen.

Wenn er sich selbst sagt: „Ich darf sein, wie ich bin. Alles in mir darf sein", dann ist alles in ihm rein. Dann ist er geheilt. So ist die Seligpreisung derer, die reinen Herzens sind, auch ein Weg zur Gesundheit.

Reinheit entsteht nicht nur durch Ausscheiden, sondern vor allem durch Klärung. Die Bibel spricht von den Dämonen als unreinen oder trüben Geistern. Viele sind von solchen unreinen Geistern besetzt. Oft sind es Projektionen, die unseren Geist trüben. Wenn die andern ihre Bilder und Erwartungen in uns hinein projizieren, dann tun auch wir uns schwer, uns so zu sehen, wie wir sind. Die fremden Bilder trüben unseren Geist. Oft leben wir dann etwas, was unserem Wesen nicht entspricht. Und gegen seine innere Wahrheit zu leben macht letztlich krank. Manchmal mahnt uns eine Krankheit, dass wir nicht das ursprüngliche und klare Bild leben, das Gott sich von uns gemacht hat. Dann sollten wir innehalten und uns fragen, was unserem innersten Wesen entspricht. Und sie fordert uns heraus, die Trübungen zu klären, damit der ursprüngliche Glanz unserer Seele wieder aufleuchtet. Das wird dann auch unserem Leib gut tun.

Für die antiken Ärzte bedeutet Gesundheit immer auch Harmonie der Körperkräfte. Und diese Harmonie wird nur möglich, wenn auch der Geist im Frieden mit sich selbst ist. Körper und Geist hängen zusammen. Wer auf Dauer unversöhnt lebt, wird es auch in seinem Leib spüren. Manche Menschen werden nicht gesund, weil sie nicht vergeben können. Sie sind immer noch gebunden an den, der sie verletzt hat. Vergebung ist letztlich ein therapeutischer Akt. Ich befreie mich in der Vergebung von der negativen Energie, die durch die Verletzung noch in mir ist. Viele Menschen leiden darunter, dass sie zwar vergeben, der andere aber nicht bereit ist, den Streit zu beenden. Oft erlebe ich, dass bei Erbschaftskonflikten sich Geschwister entzweien und jahrelang unversöhnt oder gar feindlich zueinander sind und jeden Kontakt abbrechen. Ein Bruder oder eine Schwester leidet darunter und möchte gerne Versöhnung. Aber die andern sind nicht dazu bereit. Dann muss ich für mich den Streit begraben und versuchen, innerlich versöhnt zu sein. Auch wenn der andere noch keinen Kontakt hat, so hege ich keinen Groll mehr gegen ihn. Ich bin eher traurig, dass sich jemand so verschlossen hat. Diese Versöhnung ist notwendig, damit wir auf Dauer gesund bleiben können.

Eine andere Weise von Unfrieden besteht darin, dass wir nicht bereit sind, das, was in uns ist, anzunehmen. Wir schließen keinen Frieden mit unseren Schattenseiten, mit unseren empfindlichen Stellen, mit unseren Schwächen. Dann verbrauchen wir sehr viel Energie, um all das, was wir bei uns nicht wahrhaben möchten, unter Verschluss zu halten. Diese Energie fehlt uns dann zum Leben. Und der Energiemangel schwächt auch den Körper. Wir dürfen allerdings nicht dem rigorosen Urteil verfallen, dass wir, wenn wir krank sind, nicht im Frieden mit uns leben. Mit einer solchen Deutung würden wir uns nur ein schlechtes Gewissen machen. Und wir würden uns sofort negativ bewerten. Doch die negative Bewertung schwächt unser Immunsystem noch mehr. Dennoch dürfen wir unsere Krankheit befragen, was sie uns sagen möchte. Manchmal ist sie eine Einladung, uns auszusöhnen mit unseren Grenzen, mit der Situation, in der wir leben, oder mit Bereichen unserer Seele, die wir bisher abgelehnt haben. Statt uns von der Krankheit ein schlechtes Gewissen machen zu lassen, sind wir dankbar, dass sie uns auf Dissonanzen in uns hinweist und uns zugleich einen Weg weist, wie wir wieder in Frieden mit uns kommen können.

Bei der achten Seligpreisung hat Gregor von Nyssa das Bild des Wettläufers meditiert. Der Wettläufer wird von seinen Mitläufern verfolgt. Sie treiben ihn an, schneller zu laufen, damit er den Siegespreis erlangt. Gregor schreibt: „Beseligend ist es, um des Herrn willen verfolgt zu werden. Warum? Weil die Verfolgung durch den Schlechten das Mittel wird zur Erlangung des Guten." (Gregor 234) Für mich heißt das: Ich lasse mich von allem, was in mir ist, auf Christus hin – oder psychologisch ausgedrückt – auf mein wahres Selbst hin treiben. Das Gegenteil vom gemeinsamen Lauf mit den Verfolgern ist das Flüchten. Solange ich fliehe, komme ich nie ans Ziel. Und wenn ich vor meiner eigenen Wirklichkeit flüchte, werde ich nie zu mir selbst finden. Viele Menschen sind auf der Flucht vor ihrem Schatten. Es gibt die berühmte chinesische Geschichte von dem Mann, der sich so ärgerte über seinen Schatten, dass er immer schneller lief, um ihn los zu werden. Schließlich fiel er tot um. Viele Menschen sind auf der Flucht vor sich selbst und vor ihrer eigenen Wahrheit. Die Volkserzählung von Ahashver, der nirgends bleiben kann und immer auf der Flucht ist vor seiner eigenen Schuld, will im Kern besagen: Wer sich seiner Schuld nicht stellt und vor ihr davon läuft, wird nie zur Ruhe kommen. Und die innere Ruhelosigkeit wird sich oft zugleich seelisch wie körperlich auswirken. Die Menschen finden kaum mehr Schlaf. Sie können nicht ausruhen. Und irgendwann wird der Körper dann in Mitleidenschaft gezogen. Dann zwingt uns eine Krankheit, inne zu halten und zur Ruhe zu kommen. Sie fesselt uns ans Bett und erzwingt schon äußerliche Ruhe. Doch zugleich ist sie eine Einladung, innerlich zur Ruhe zu kommen. Und das gelingt nur, wenn wir uns allem, was in uns ist, stellen, auch den Schattenseiten.

Das Bild, das Gregor von Nyssa gebraucht, sagt für mich aber noch etwas anderes: Das Schlechte treibt mich zum Guten. Alles, was mich verfolgt, etwa meine Angst, meine Depression, meine Selbstunsicherheit, mein mangelndes Selbstvertrauen, mein Jähzorn, meine Empfindlichkeit, will mich letztlich zu Gott treiben und zu mir selbst, zu meiner tiefsten Wahrheit. Wie ist das zu verstehen? Wenn ich vor meiner Angst davonlaufe, wird sie mich immer einholen. Wenn ich aber den Wettlauf mit ihr aufnehme, treibt sie mich zum Leben und zu meinem wahren Selbst. Das Gespräch mit der Angst zeigt mir auf, wo ich mich falsch beurteile, wo ich von krankmachenden Grundannahmen über mich und mein Leben bestimmt bin. Solche Grundannahmen, die mich am Leben hindern, sind etwa: „Ich darf keinen Fehler machen, sonst bin ich nichts wert. Ich muss immer selbstsicher auftreten, sonst werde ich verachtet. Ich muss meine Empfindlichkeit in Griff bekommen, sonst werde ich abgelehnt." Das Gespräch – oder im Bild ausgedrückt – der Wettlauf mit der Angst verweist mich auf meine tiefste Wahrheit. Und die lässt sich ausdrücken in Sätzen wie: „Ich bin vor Gott wertvoll. Ich darf so sein, wie ich bin. Ich darf auch unsicher sein. Das macht mich sympathisch. Ich darf empfindlich sein. Das erinnert mich daran, dass ich mich nicht überfordere."

Ähnlich können wir es von der Depression sagen. Wenn ich vor ihr flüchte, wird sie mich bestimmt einholen und überholen. Und dann hat sie mich in Griff. Der Weg zur Gesundheit ist, sich von ihr verfolgen zu lassen, mit ihr den Wettkampf aufzunehmen. Dann wird mich die Depression darauf aufmerksam machen, dass ich mein Maß überschritten habe. Sie wird mich einladen, mir eine Pause zu gönnen und mich von meinem Perfektionismus zu verabschieden. Eine Frau, die bisher ihr Leben gut gemeistert hat, wurde mit 50 Jahren depressiv. Sie ärgerte sich darüber und wollte es nicht wahrhaben. Als sie sich mit der Depression unterhielt, spürte sie, dass sie für ihre Söhne immer eine perfekte Mutter sein wollte. Die Depression lud sie ein, sich von dieser Illusion zu verabschieden. In einer Welt, in der wir meinen, wir bräuchten nur positiv zu denken, um alle Probleme lösen zu können, hat die Depression eine wichtige Aufgabe: Sie zeigt uns die Brüchigkeit unseres Lebens. Sie verweist uns auf die Tiefe unseres Daseins und auf die „Nichtigkeit dieser Welt" (Schmid 117). Unser Leben ist nicht so oberflächlich, dass alles machbar erscheint.

Das Paradox, dass Jesus die um der Gerechtigkeit willen Verfolgten selig preist, wird verständlich, wenn wir es mit Gregor im Bild des Wettlaufes auslegen. Es sind die Menschen, die richtig leben wollen, die ihrem Wesen gerecht werden möchten. Auf diesem Weg werden sie verfolgt von ihren Schattenseiten, von dem, was sie verdrängt haben. Wenn sie den Wettlauf aufnehmen, dann wird sie der Schatten zum Leben führen. Im Schatten liegen ja Lebensmöglichkeiten bereit, die wir bisher nicht genutzt haben. Die Integration des Schattens ist eine entscheidende Aufgabe auf dem Weg der Selbstwerdung und letztlich auch auf dem Weg des Gesundwerdens. Natürlich ist mit dieser Deutung nur ein Aspekt dieser Seligpreisung angesprochen. Der Einsatz für die Gerechtigkeit in der Welt ist ein anderer Aspekt, der genauso wichtig ist. Wer richtig leben möchte, darf auch die Augen nicht vor dem Unrecht in der Welt verschließen. Sein Leben wird nur fruchtbar, wenn er vom Kreisen um sich selbst absieht und sich einlässt auf den Kampf für die Gerechtigkeit in seiner Umgebung. Aber er darf sich vom Unrecht nicht so in Beschlag nehmen lassen, dass er selbst ungerecht wird. Mir hat ein junger Mann erzählt, dass er sich leidenschaftlich für die Gerechtigkeit einsetzt. Aber zugleich spürt er, wie er selbst immer unleidlicher wird und ungerecht auf andere reagiert. Weil er in sich nicht richtig ist, verlegt er seinen Kampf um Gerechtigkeit ganz nach außen. Das kann auch krank machen. Es braucht ein gutes Gleichgewicht zwischen innen und außen. Dann findet der Mensch zu seinem wahren Wesen. Dann wird sein Leben fruchtbar.

Die Seligpreisungen –
Weg christlicher Lebenskunst

Die griechische Philosophie verstand sich als „Kunst des schönen Lebens" (*kalos zen*) oder als „Kunst des guten Lebens", als „Kunst des gelingenden Lebens". In unserer Zeit ist ein neues Interesse erwacht an dieser Kunst des Lebens. Der Philosoph Wilhelm Schmid zum Beispiel hat ein Buch über die „Philosophie der Lebenskunst" geschrieben, das großen Anklang fand. Ganze Buchreihen widmen sich inzwischen diesem Thema. Hier wird an eine große Tradition angeknüpft. Schon die griechische Philosophie ging davon aus, dass die wichtigste Lebenshilfe auf der Ebene des Denkens geleistet wird. Die Philosophie der Lebenskunst geht immer auch vom Bedenken des Todes aus. In der Geschichte der christlichen Spiritualität ist dann vor allem dieser Aspekt behandelt worden. Im Mittelalter entstand eine eigene *ars moriendi* (Kunst des Sterbens), die zugleich eine *ars vivendi* (Kunst des Lebens) war. Da gab es eine eigene Literaturgattung für Sterbebegleitung. Doch wie man hier und jetzt die Kunst des gegenwärtigen Lebens lernen soll, das wurde ab dem Mittelalter im Bereich des christlichen Denkens nicht angemessen entfaltet.

Die frühe Kirche folgte noch der Lebenskunst der griechischen Philosophie. Die Philosophie der Lebenskunst antwortet auf Fragen wie: „Wie kann ich mein Leben führen?

In welchen Zusammenhängen lebe ich? Welche Wahl habe ich? Wer bin ich? Welches Verständnis von Leben habe ich? Was kann ich konkret tun?" (Schmid 26–31) Ein wesentlicher Teil der Lebenskunst ist die Aszese. „In der antiken Philosophie der Lebenskunst war damit die *Übung* gemeint, mit deren Hilfe das Selbst sich und das eigene Leben formt und transformiert, und die leiblich, seelisch oder geistig zu vollziehen ist." (Schmid 32) Die Aszese zeigt sich nicht nur als Übung des Verzichtes, sondern als konkrete Gestaltung des Alltags, in heilenden Ritualen, in guten Gewohnheiten und in einer gesunden Ordnung des Tages, in einer guten Struktur der Zeit und der menschlichen Lebensvollzüge wie Schlaf und Wachen, Arbeit und Ruhe, Essen und Fasten, Einsamkeit und Gemeinschaft.

Wenn wir heute aus christlicher Inspiration die Kunst des Lebens neu bedenken, ist es sinnvoll an die Ursprünge anzuknüpfen. Im Neuen Testament ist es vor allem der Evangelist Lukas, der Jesus auf dem Hintergrund griechischer Philosophie beschreibt. Er möchte Jesus den griechisch gebildeten Menschen nahe bringen als der, der uns in die wahre Kunst des Lebens einführt. Für Lukas ist Jesus der *archegos tes zoes*, der Anführer zum Leben oder – wie man auch übersetzen könnte – der Anleiter zu gelingendem Leben, der Lehrer in der Kunst des Lebens. Jesus zeigt in seinen Worten auf, wie der Mensch seinem Wesen entsprechend leben kann. Dabei sind es vor allem die Gleichnisse, in denen Jesus falsche Selbstbilder des Menschen entlarvt und uns die Augen öffnet, wie unser Leben im Blick auf Gott, den barmherzigen Vater, gelingen kann. Und Jesus ist in seiner Person Vorbild für gelingendes Leben. Ein wichtiger Aspekt ist dabei sein Gebet. Kein Evangelist hat uns soviel von Jesus als Beter geschrieben wie Lukas. Im Gebet wird Jesus verklärt. Während er bei der Taufe betet, öffnet sich der Himmel. Das Gebet ist der Ort, an dem Jesus die Nähe seines Vaters spürt und frei wird von den Erwartungen der Menschen. Da kommt er mit seinem Wesen in Berührung. Da spürt er, wer er eigentlich ist und wo er wahrhaft zuhause ist: im Hause seines Vaters. Das Gebet ist für ihn ein zentraler Weg zu seinem gesunden Leben. Das heißt nicht nur, dass das Gebet heilende Kraft hat, wie es heute viele wissenschaftliche Forschungen belegen. Es heißt auch, dass wir im Gebet mit der eigenen Wahrheit in Berührung kommen und im Gebet unsere Wunden Gott hinhalten, damit sein heilender Geist in unsere Verletzungen einströmt und sie mit Gottes Liebe und seiner heilenden Kraft erfüllt.

Zur Lebenskunst, so wie sie nach dem Lukasevangelium zu verstehen ist, gehören auch die Rituale. Jesus nimmt teil an den Ritualen seiner jüdischen Umgebung. So lädt er auch uns ein, heilende Rituale zu praktizieren. In ihnen kommen wir mit Gott in Berührung. Die Rituale schaffen eine heilige Zeit und einen heiligen Ort. Das Heilige heilt. Im heiligen Raum kommen wir in Berührung mit dem heilen Kern in uns, mit dem inneren Heiligtum, in das die verletzenden Worte oder Gesten keinen Zutritt haben. Und zur Lebenskunst gehören die Feste des Kirchenjahres. Lukas ist der Evangelist des Kirchenjahres. Siebenmal schreibt er von „heute". Die Heilung, die Jesus damals den Menschen vermittelt hat, geschieht „heute" an uns, wenn wir an den Festen die Geheimnisse seines Lebens feiern. Im Kirchenjahr will das Heil, das Jesus vor zweitausend Jahren gewirkt hat, in unsere Lebensgeschichte eindringen und sie heilen. C. G. Jung nennt das Kirchenjahr ein therapeutisches System. Es tut der Seele des Menschen gut. An den Festen werden die wichtigsten Themen der Selbstwerdung dargestellt und gefeiert. Indem sie in der Liturgie und in der Volksfrömmigkeit ins Bewusstsein gehoben werden, kommt der Christ immer mehr in Berührung mit dem Potential seiner Seele. Er sieht an den Festen die Gefährdungen seines Lebens, erlebt aber zugleich immer wieder die Verwandlung in neue Möglichkeiten. Alle Übungen, die die Christen während eines Kirchenjahres praktizieren, dienen letztlich der seelischen und körperlichen Gesundheit, sei es das Fasten, sei es das Warten auf das Fest, seien es die Rituale, mit denen die Menschen die Feste auch im häuslichen Bereich oder im Miteinander der Gemeinden begehen, und die Feier eines Festes, in dem immer etwas einbricht oder aufscheint von der ursprünglichen Ganzheit des Menschen.

Für Lukas ist Jesus – als der Anführer zum Leben – der göttliche Wanderer, der vom Himmel herab kommt, um mit uns unsere Wege zu gehen und uns auf den Weg zum wahren Leben mitzunehmen. Damit greift Lukas ein wichtiges griechisches Motiv auf: Philosophie ist ein Weg. Unser Leben ist ein Weg zu Gott. „Weg" ist Inbegriff allen Philosophierens. Martin Heidegger hat das so ausgedrückt: „Vielleicht verbirgt sich im Wort ‚Weg', Tao, das Geheimnis aller Geheimnisse des denkenden Sagens … Alles ist Weg." (Schütz, Weg: LexSpir 1410) Jesus geht den Weg zur Herrlichkeit Gottes durch viele Drangsale hindurch. Er geht hinauf nach Jerusalem, dem Ort seiner Passion und seiner Auferstehung. Das ist für Lukas ein Bild für unseren Weg zu Gott, den nicht nur er, sondern nach ihm alle Mystiker als Aufstieg zu Gott beschrieben haben. In der Apostelgeschichte nennt Lukas die Christen „Anhänger des Weges". Er zeigt uns diesen Weg und geht uns voran, damit wir ihm auf diesem Weg nachfolgen und so das wahre Leben erlangen. Das Ziel des Weges ist die *doxa theou*, die Herrlichkeit Gottes, die ursprüngliche Gestalt, die Gott uns zugedacht hat, der unverfälschte Glanz unserer Seele, der in uns aufstrahlt, wenn wir uns von Gott leiten lassen.

Matthäus hat uns den Weg zum gelingenden Leben in den fünf großen Reden aufgezeigt, die Jesus vor dem Volk hält und mit denen er an die fünf Bücher Mose anknüpft. Jesus ist der neue Mose, der das Volk aus der Gefangenschaft in Ägypten, aus Abhängigkeit und Uneigentlichkeit herausführt in das Gelobte Land, in das Land, in dem jeder ganz er selbst sein kann, frei und authentisch. In den acht Seligpreisungen hat er den Weg zum gelingenden Leben in verdichteter Weise dargelegt. Es ist der achtfache Pfad, der uns den Weg zum Leben führt. In den fünf Reden zeigt uns Matthäus, dass Jesus die Sehnsucht der Juden nach gelingendem Leben erfüllt. In dem achtfachen Pfad spricht er Ursehnsüchte der Menschen an, wie sie schon im achtgliedrigen Weg Buddhas aufgeleuchtet sind. Es lassen sich nur schwerlich geschichtliche Zusammenhänge oder Abhängigkeiten zwischen Matthäus und Buddha aufzeigen. Aber die menschliche Seele hat nach C. G. Jung eine archetypische Struktur. Und die verlangt nach Bildern, die sie ansprechen. Die acht Seligpreisungen Jesu berühren die tiefsten Sehnsüchte der menschlichen Seele, wie sie sich in allen Kulturen und Religionen finden. Die frühen Kirchenväter meditieren die acht Seligpreisungen immer auf dem Hintergrund anderer Erzählungen, in denen die Acht vor kommt. Acht Menschen werden in der Arche aus der Sintflut gerettet. Die Seligpreisungen bewahren uns also davor, in der Flut des Unbewußten unter zu gehen. Die Taufkapellen in der frühen Kirche sind achteckig. Sie erinnert daran, dass die Getauften Anteil haben an der Auferstehung Jesu, dass sie aber auch dem Verderben der Welt entrissen werden und einen Weg zum wahren Leben finden, den achtfachen Weg der Seligpreisungen, der ihr Leben gelingen lässt. Acht ist die Zahl der Unendlichkeit und der göttlichen Transzendenz. In den acht Seligpreisungen weist uns Jesus den Weg auf den Gipfel, auf dem Gott alles in uns erleuchtet. Wenn wir von Gott erleuchtet sind, dann sind wir am Ziel und dann ist unser Leben wahrhaft gelungen.

Die frühe Kirche hat in der Auslegung der Bibel immer auch die griechische Philosophie und Weisheit berücksichtigt. Für sie ist der christliche Weg ein heilender Weg. Der heilige Benedikt, der Vater des abendländischen Mönchtums, hat darüber nicht theoretisch nachgedacht, sondern einfach eine Regel aufgestellt, nach der die Mönche leben sollen. Aber diese Regel entspricht der Kunst des gesunden Lebens. Benedikt stellt eine Ordnung auf, die dem Mönch gut tut, die ihn selbst in Ordnung bringt. Benedikt ist davon überzeugt, dass der Mensch, der sich auf die von ihm vorgeschlagene Ordnung einlässt, innerlich in Ordnung kommt und auf diese Weise gesund lebt. Im vierten Kapitel zählt Benedikt 74 Instrumente der guten Werke auf. Er nennt sie Instrumente der geistlichen Kunst, der *ars spiritualis*. Es ist also eine Kunst, geistlich zu leben. Es bedarf der Kunstfertigkeit und der richtigen Instrumente, um diese Kunst auszuüben. Die Instrumente, die Benedikt aufzählt, entsprechen den zehn Geboten, den Werken der Barmherzigkeit und geistlichen Ratschlägen, die zum größten Teil aus der Heiligen Schrift entnommen sind. Dabei werden alle acht Seligpreisungen aufgegriffen, zwar nicht wörtlich, aber doch dem Sinn nach. Benedikt versteht also die Seligpreisungen als Instrumente, die wichtig sind, um die geistliche Kunst zu beherrschen. Das Kloster und das beständige Bleiben in der Gemeinschaft bilden die Werkstatt, in der diese Instrumente angewandt werden. Das Ziel dieser geistlichen Kunstfertigkeit ist, dass der Mönch immer mehr vom Geiste Jesu erfüllt wird und dass sein ganzes Denken, Reden und Tun dem Geist Jesu entspricht.

Benedikt übernimmt viele seiner Instrumente aus ähnlichen Grundregeln für das geistliche Leben, wie sie allen Christen damals geläufig waren. Die geistliche Tradition ist also eine Kunst des geistlichen und letztlich auch des gesunden Lebens. Denn Benedikt trennt das geistliche Leben nicht vom gesunden oder glücklichen Leben. Entscheidend für alle diese Dimensionen ist, dass der Mönch die Lust am Leben lernt. Zu diesem Zweck geht er in die Schule des Herrn. Es ist dies eine Schule, in der der Mönch auch die Kunst des gesunden Lebens lernt: „Wir wollen also eine Schule für den Dienst des Herrn einrichten. Bei dieser Gründung hoffen wir, nichts Hartes und nichts Schweres festzulegen. Sollte es jedoch aus wohlüberlegtem Grund etwas strenger zugehen, um Fehler zu bessern und die Liebe zu bewahren, dann lass dich nicht sofort von Angst verwirren und fliehe nicht vom Weg des Heils; er kann am Anfang nicht anders sein als eng. Wer aber im klösterlichen Leben und im Glauben fortschreitet, dem wird das Herz weit, und er läuft in unsagbarem Glück der Liebe den Weg der Gebote Gottes." (Regula Benedicti, Prolog 45–49) Die Schule, die Benedikt errichtet, haben schon die Alten als Gegenbild zur Philosophenschule in Athen gesehen, die gerade in dem Jahr, in dem Benedikt auf Monte Cassino seine Schule gründete, geschlossen wurde. In dieser Schule lehr Benedikt den Weg zum Heil. Der Weg des Heils heißt im Lateinischen „via salutis". Das ist zugleich der Weg zur Gesundheit. Das Ziel des inneren Weges, den die Mönche in der Schule des Herrn lernen sollen, ist das Heilwerden und Ganzwerden, das Glück der Liebe und das weite Herz. Es ist das gleiche Ziel, das auch Jesus in den Seligpreisungen uns vor Augen hält.

Die Schule der Seligpreisungen löst die griechische Philosophenschule ab. Sie erfüllt die Sehnsucht, die die Philosophie jahrhundertelang in Worte gefasst hat. Vor allem Clemens von Alexandrien sieht in Jesus den wahren Lehrer, der uns in die Gnosis, in die Erkenntnis Gottes und des Menschen einweist und damit alles Wissen der Philosophie aufgreift und zugleich überbietet.

In der benediktinischen Tradition war es in der Folge vor allem Hildegard von Bingen, die die Kunst des geistlichen Lebens mit der Kunst des gesunden Lebens verbunden hat. Wichtige Elemente sind für sie der gesunde Rhythmus, der dem Menschen gut tut. Sich auf den Rhythmus einzulassen, der dem eigenen Wesen entspricht, führt zur Gesundheit des Leibes und der Seele. Diese Weisheit hat die heutige Medizin neu entdeckt, wenn sie vom Biorhythmus des Menschen spricht. Nur wer im Einklang ist mit seinem Biorhythmus, wird auf Dauer gesund leben können. Zum Rhythmus gehört die Ordnung, sowohl die Ordnung der

Zeit, als auch die Ordnung in der Arbeit und im Miteinander. Der Cellerar soll dafür sorgen, dass alles gut geordnet ist, damit kein Bruder traurig oder verwirrt wird. (Vgl.
Regula Benedicti 31)

Es wäre eine lohnende Aufgabe, die geistlichen Traditionen
des Christentums auf dem Hintergrund der benediktinischen geistlichen Lebenskunst heute neu zu durchdenken.
Inwieweit dienen sie der Gesundheit und dem Glück des
Menschen? Wie viel Weisheit steckt in diesen Traditionen?
Mir hat ein Psychologe erzählt, er würde bei jeder Fort-
bildung neue therapeutische Modelle kennenlernen. Sein
Eindruck: Kaum einer kommt dazu, diese Modelle wirklich zu leben. Er schickt seine Klienten gerne zu uns, um
an der Möglichkeit der Erfahrung von „Kloster auf Zeit"
teilzunehmen, weil er den Eindruck hat, dass das Eintau-
chen in die vorgegebene Struktur eines klösterlichen Lebens für viele heilsam ist. So heilsam dies für den Einzelnen
ist: Es hat natürlich wenig Sinn, der Welt die klösterliche
Struktur aufzudrängen. Aber ein Bedenken der christlichen
Traditionen auf dem Hintergrund psychologischer Erkennt-
nisse würde nach meiner Überzeugung zeigen, wie heilsam
ein Sich-Einlassen auf diese Formen der Tradition – sei es
der Besuch des Sonntagsgottesdienstes, sei es das Familien-
gebet, die Meditation, die Rituale zu Beginn und am Ende
des Tages, das gemeinsame Mahl mit dem Tischgebet, die
Rituale in der Adventszeit und Weihnachtszeit – auch
heute für die Menschen sein könnte.

Christliche Lebensführung weiß um den Wert der Askese.
Askese ist vom Wesen her Einübung in die innere Freiheit.
Askese heißt Übung, Training. Wir trainieren uns ein in die

Haltungen, die Jesus uns in den Seligpreisungen vor Augen hält. Askese war für die Griechen zunächst eine Tugend der Sportler, dann der Soldaten und schließlich der Philosophen. Die Philosophen verstanden die Askese als inneren Übungsweg, auf dem man die wichtigsten Tugenden erringen sollte, damit das Leben taugt. In der Geschichte der christlichen Askese steckt viel Weisheit, die wir heute brauchen, damit unser Leben gelingt. Allerdings gab es in der geistlichen Tradition immer auch Fehlwege. Askese wurde manchmal als Abtötung missverstanden. Man übte nicht die Fähigkeiten ein, sondern wollte das abtöten, was dem eigenen Idealbild nicht entsprach. Dadurch trieb man oft Raubbau auf dem Acker der Seele, so dass manche Menschen innerlich verdorrten und erstarrten. Das hat nichts mit der Kunst des gesunden Lebens zu tun, wie sie Benedikt und viele andere geistliche Lehrer verstanden haben. Die wahre Askese will die Fähigkeiten, die uns Gott geschenkt hat, entfalten, damit wir den Reichtum unserer Seele entdecken. Und sie dient dazu, dass wir selber leben, anstatt gelebt zu werden. Sie hilft, dass die Seele den Leib formt und nicht von ihm bestimmt wird. So wird sie zu einem Weg des guten und gesunden Lebens.

Schluss

Die Bergpredigt ist von vielen Exegeten und Theologen als die Mitte des Evangeliums verstanden worden. Die acht Seligpreisungen, die zu Beginn der Bergpredigt stehen, fassen das Wesen dieser Predigt zusammen. Es sind Zusagen, die Jesus uns macht. Jesus traut uns etwas zu. Er glaubt, dass wir mitten in dieser Welt, die so voller Nebel ist, auf dem Berg eine klare Sicht bekommen über das Geheimnis unseres Lebens mit Gott. Und er traut uns zu, dass wir die Haltungen, die er uns zuspricht, auch verwirklichen können. Wenn wir sie durch Übung verinnerlichen, dann werden wir das wahre Glück erfahren. Die Seligpreisungen sind keine Forderungen und keine „Einlassbedingungen für das Reich Gottes", wie sie ein Exeget genannt hat. Sie sind vielmehr Wege zu einem beglückenden Leben. Aber zugleich sind sie Zusagen Jesu an uns. Jesus sagt uns auf dem Berg: „In dir stecken mehr Möglichkeiten als du denkst. Du weißt ja im Grunde deiner Seele, dass es deiner tiefsten Sehnsucht entspricht, arm zu sein im Geist, frei zu sein von Abhängigkeit, durch Trauer zum Potential deiner Seele vorzudringen, milde und gerecht, barmherzig und rein und lauter zu sein, Frieden zu schaffen und zu deinem aufrechten Leben zu stehen, auch wenn du verfolgst wirst. Wenn du still wirst und tief in dich hinein spürst, dann weißt du sehr wohl, dass dein wahres Glück darin besteht, der

Mensch nach Gottes Bild zu werden, das in dir zu verwirklichen, was Gott dir geschenkt hat." Jesus traut uns zu, dass wir unserer Sehnsucht nach erfülltem Leben folgen und die Haltungen immer mehr verwirklichen, die er durch seine Worte in uns weckt.

Friedrich Schorlemmer sagt von den Seligpreisungen: „Die Seligpreisungen stimmen eine neue Melodie für diese Welt an, und sie überschreiten, was ist. Das sind Kontrast- und Widerspruchssätze, Ermutigungs- und Hoffnungssätze. Sie betreffen das Außen der Welt und das Innere unseres Denkens und Fühlens." (Schorlemmer 147) Seit Jesus diese Worte auf dem Berg gesprochen hat, hat sich die Welt verändert. Diese Worte können nicht rückgängig gemacht werden. Sie sind eine Melodie, die weiter erklingt, auch wenn sie oft von den harten und unmenschlichen Rhythmen menschenverachtender Musik übertönt werden. Sich dieser Melodie immer wieder auszusetzen, das ist ein heilsamer Weg. Wenn die Worte in uns eindringen, bringen sie uns in Berührung mit den Möglichkeiten, die in unserer Seele schlummern. Und die Worte wecken die Kraft, die Gott uns zugedacht hat, in uns auf, damit wir vom Berg herabsteigen in die dunklen Täler und Abgründe dieser Welt und erfüllt von dieser Melodie unsere Welt verändern und menschlicher, milder und barmherziger gestalten.

Die Seligpreisungen sind von den Kirchenvätern als Erfüllung griechischer Philosophie verstanden worden. Heute ist die griechische Philosophie vor allem lebendig als Philosophie der Lebenskunst und als Weg zum Glück. So habe ich in diesem Buch vor allem diese Aspekte bedacht. Ich bin mir bewusst, dass ich damit nicht die ganze Fülle der

Seligpreisungen berücksichtigt habe. Aber es ist ein Akzent, der mir wichtig erscheint und oft genug in der Auslegung vernachlässigt worden ist. Jesus zeigt uns einen realistischen Weg zum glücklichen Leben. Dabei schließt er das Dunkle und Negative dieser Welt nicht aus. Er übergeht nicht die Schmerzen, die Verzweiflung und die Depression, die heute viele heimsuchen. Die Glücksphilosophie, die uns heute angeboten wird, hat diese Seiten übersprungen. Wilhelm Schmid meint, für die abendländische Kultur seien körperliche wie seelische Schmerzen inakzeptabel geworden. Doch: „Fehlt der zumindest zeitweilige Stachel des Schmerzes, so ist Lustlosigkeit, ja sogar Leblosigkeit die zwingende Folge." (Schmid 51) In den Wellness-Zentren, in denen Menschen verbissen auf Glücksgefühle aus sind, können wir diese Leblosigkeit und innere Erstarrung zur Genüge beobachten. Jesus zeigt uns einen Weg, durch die Dunkelheiten und Talsohlen unseres Lebens hindurch, zu einem gelingenden Leben. Die Worte Jesu halten uns lebendig. Sie führen nicht zur Erstarrung, sondern zur Lust, auf dem Weg des Lebens voranzuschreiten, trotz all der Hindernisse, die sich uns in den Weg stellen.

Die Seligpreisungen Jesu verweisen uns auf das wahre Glück, so wie es die griechische Philosophie verstanden hat. Das Glück, so hat es Aristoteles formuliert, ist etwas Göttliches. „Das Glück durchbricht die Begrenztheit der Endlichkeit und lässt das endliche Wesen teilhaben an der Erfahrung der Unendlichkeit. Man wählt dieses Glück, indem man diesem Prinzip Raum gibt in sich selbst, sein Leben also durchdringen lässt von einer Kraft, die umfassender ist als die des Individuums selbst. Eine Wohlgestimmtheit, eine abgründige Heiterkeit ist damit verbunden."

(Schmid 169) Das wahre Glück besteht für Jesus darin, Anteil zu haben an Gott. Bei Matthäus ist das ausgedrückt mit dem Wort: „Ihr werdet vollkommen sein, wie es auch euer himmlischer Vater ist." (Mt 5,48) Wenn wir die Zusagen Jesu in uns eindringen lassen und die Haltungen der Seligpreisungen im Alltag einüben, dann haben wir teil an der Vollkommenheit Gottes, an seiner Ganzheit. Dann verstehen wir, wer Gott ist. Und dann sind wir in Gott. Wir haben etwas Göttliches in uns. Lukas formuliert es anders: „Seid barmherzig, wie es auch euer Vater ist!" (Lk 6,36) Wenn wir barmherzig sind, dann haben wir teil an Gott, dann werden wir durch Jesus zu Söhnen und Töchtern Gottes, die von Gottes Liebe und Kraft erfüllt sind, ja, die in Gott selbst sind.

Es ist also kein billiges Glück, das uns Jesus verheißt. Er verweist uns auf die Hintergründigkeit allen Glücks. Das Leben des Menschen gelingt nur, wenn Gott in ihm Raum bekommt. Der Mensch wird erst frei, wenn Gott in ihm herrscht. Der Mensch findet zu sich selbst, indem er sich für Gott öffnet. Gott erfüllt die tiefste Sehnsucht des Menschen nach Glück. Wir dürfen mitten im Leben immer wieder die Erfahrung machen, dass wir im Einklang sind mit uns selbst. Wenn wir in der Meditation auf einmal von einem tiefen Glücksgefühl erfüllt werden, dann ist das zugleich immer auch eine Gotteserfahrung. Aber wir können dieses Glück nicht festhalten. Im nächsten Augenblick werden wir wieder mit uns und unserer Durchschnittlichkeit und Brüchigkeit konfrontiert. Glück lässt sich nicht besitzen oder festhalten. Aber das Glück, das uns in einer spirituellen Erfahrung überkommt, können wir einüben, wenn wir die Haltungen der Seligpreisungen in uns verwirklichen. Wir können an unserem Glück arbeiten. Aber zugleich müssen wir mit dem Psalmisten bekennen: „Ich sage zum Herrn: Mein Herr bist du, mein ganzes Glück bist du allein ... Du zeigst mir den Weg zum Leben. Vor deinem Angesicht ist Freude in Fülle, zu deiner Rechten ist Wonne auf ewig." (Ps 16,2.11)

Literatur

Otto Betz, Das Geheimnis der Zahlen, Stuttgart 1989.

Denis Buzy, Béatitudes, in: Dictionnaire de Spiritualité, 1298–1310.

Jonathan Düring, Der Gewalt begegnen. Selbstverteidigung mit der Bergpredigt, Münsterschwarzach, Vier-Türme-Verlag, 2005.

Meister Eckehart, Deutsche Predigten und Traktate, hrg. u. übers. v. Josef Quint, München, Diogenes, 1979.

Erich Fromm, Psychoanalyse und Ethik, Zürich 1954.

Graham Greene, Das Herz aller Dinge, Hamburg 1950.

Graham Greene, Das Ende einer Affäre, Reinbek, Rohwolt, 1974.

Friedrich Hauck, Makarios, in: LThWNT IV, 365–373.

Ragnar Holte, Glück, in: RAC 246–270.

Gregor von Nyssa, Acht Homilien über die acht Seligkeiten, in: Bibliothek der Kirchenväter, München, Kösel & Pustet, 1927, 153–241.

Friedrich Hahn, Bibel und moderne Literatur. Große Lebensfragen in Textvergleichen, Stuttgart, Quell Verlag, 1967.

Martin Luther King, Kraft zum Lieben. Betrachtungen und Reden des Friedensnobelpreisträgers, Konstanz, Bahn Verlag, 1964.

Fridolf Kudlien, Gesundheit, in RAC 902–945.

Karl-Josef Kuschel, Jesus im Spiegel der Weltliteratur. Eine Jahrhundertbilanz in Texten und Einführungen, Düsseldorf, Patmos, 1999.

Boris Pasternak, Doktor Schiwago, Frankfurt 1957.

Pinchas Lapide, Carl Friedrich von Weizsäcker, Die Seligpreisungen. Ein Glaubensgespräch, Stuttgart, Calwer Verlag/München, Kösel, 1981.

Ulrich Luz, Evangelium nach Matthäus I, Zürich-Neukirchen 1985.

Zenta Maurina, Dostojewskij. Menschengestalter und Gottsucher, Memmingen, Maximilian Dietrich, 1952.

Margarete Mitscherlich, Erinnerungsarbeit. Zur Psychoanalyse der Unfähigkeit zu trauern, Frankfurt, Fischer, 1987.

Christoph Quarch, Eros und Harmonie. Eine Philosophie der Glückseligkeit, Freiburg 2006.

Joseph Ratzinger, Credo für heute. Was Christen glauben, Freiburg, Herder, 2006.

Wilhelm Schmid, Schönes Leben? Einführung in die Lebenskunst, Frankfurt, Suhrkamp, 2000.

Friedrich Schorlemmer, Woran du dein Herz hängst ... Politisches Handeln und christlicher Glaube, Freiburg, Herder, 2006.

Alexander Solschenizyn, Krebsstation, Luchterhand, Neuwied, 1968.

Alexander Solschenizyn, Matrjonas Hof, Frankfurt, Suhrkamp, 1979.

Christian Schütz (Hg.), Praktisches Lexikon der Spiritualität, Freiburg, Herder, 1986.

Ken Wilber, Mut und Gnade. In einer Krankheit zum Tode bewährt sich eine große Liebe – das Leben und Sterben der Treya Wilber, München, Scherz, 1992.